Formelsammlung

Distributivgesetze:

$a \cdot (b \pm c) = a \cdot b \pm a \cdot c$
$(a \pm b) \cdot c = a \cdot c \pm b \cdot c$
$(a \pm b) : c = a : c \pm b : c$

Multiplizieren von Klammern:

$(a+b) \cdot (c+d) = a \cdot c + a \cdot d + b \cdot c + b \cdot d$

Binomische Formeln:

I. $(a+b)^2 = a^2 + 2ab + b^2$
II. $(a-b)^2 = a^2 - 2ab + b^2$
III. $(a+b)(a-b) = a^2 - b^2$

Rechnen mit Quadratwurzeln ($a, b \in \mathbb{Q}_+$):

Addition und Subtraktion $\quad a\sqrt{b} \pm c\sqrt{b} = (a \pm c)\sqrt{b}$

Multiplikation und Division $\quad \sqrt{a} \cdot \sqrt{b} = \sqrt{a \cdot b} \qquad \frac{\sqrt{a}}{\sqrt{b}} = \sqrt{\frac{a}{b}}$

Wurzeln teilweise ziehen $\quad \sqrt{a^2 b} = a\sqrt{b}$

Rationalmachen des Nenners $\quad \frac{1}{\sqrt{a}} = \frac{\sqrt{a}}{a} = \frac{1}{a}\sqrt{a}$

Lösungsformel für quadratische Gleichungen:

Die Lösungen einer quadratischen Gleichung der Form $x^2 + px + q = 0$ mit $p, q \in \mathbb{Q}$ lassen sich mit Hilfe der Formel

$x_{1,2} = -\frac{p}{2} \pm \sqrt{\frac{p^2}{4} - q}$ bestimmen.

Uwe Bergmann

TRAINING

Termumformungen und ihre Anwendungen

8./9. Schuljahr

Beilage: Lösungsheft

Ernst Klett Verlag
Stuttgart Düsseldorf Leipzig

Die Beilage zu diesem Band besteht aus dem Lösungsheft und einer lose beigelegten Formelsammlung.

Gedruckt auf Papier,
das aus chlorfrei gebleichtem
Zellstoff hergestellt wurde.

Die Deutsche Bibliothek – CIP-Einheitsaufnahme

Ein Titeldatensatz für diese Publikation ist bei
Der Deutschen Bibliothek erhältlich

4. Auflage 2000 A

Internetadresse: http://www.klett-verlag.de/klett-lerntraining
E-Mail: klett-kundenservice@klett-mail.de
Satz: Zechnersche Buchdruckerei, Speyer
Abbildungen: Karola Bergmann, Wolfenbüttel
Einbandgestaltung: Bayerl und Ost, Frankfurt/M.
Innengestaltung: Hitz und Mahn, Stuttgart
Druck: Wilhelm Röck, Weinsberg. Printed in Germany
ISBN: 3-12-922032-1

Inhaltsverzeichnis

Gehörst auch du zu denjenigen Schülern, für die Mathe im Allgemeinen und Termumformungen im Speziellen ein Graus sind? Und für die Terme und Gleichungen eine schier unerschöpfliche Quelle von Fehlern sind?

Dann wird es dir möglicherweise schwer fallen zu glauben, dass der Umgang mit Termen seinen Schrecken verliert, wenn man sich nur einmal die Zeit nimmt, die notwendigen Techniken zu üben.

Dieses Trainingsbuch ist eine Lernhilfe. Es kann dir die Arbeit nicht abnehmen, rechnen musst du schon allein. Dieses Buch soll dir aber dabei helfen, Sicherheit im Umgang mit den besonders häufig vorkommenden Termumformungen zu erlangen. Du wirst sehen, mit der Sicherheit stellt sich auch der Erfolg ein. Dies kannst du überprüfen, wenn du dich am Ende einiger Kapitel selbst testest.

Alle wichtigen Formeln, die in diesem Buch vorkommen, finden sich am Ende in einer übersichtlichen Zusammenstellung wieder. Du kannst diese Formelsammlung herausnehmen und als Gedächtnisstütze benutzen. Besser ist es jedoch, wenn du die Formeln auswendig lernst.

Nun noch einige Tipps zum Umgang mit dem Buch:

- Lies die einzelnen Aufgaben bzw. Aufgabenteile gründlich durch und notiere die Lösungen – falls durch Leerstellen gekennzeichnet – auch im Buch.
- Schreibe bei umfangreicheren Aufgaben den Lösungsweg vollständig auf, denn nur so kannst du bei der Kontrolle mit dem Lösungsheft deine Rechen- und Denkfehler aufspüren.
- Befrage nur dann das Lösungsheft, wenn du aus eigener Kraft wirklich nicht mehr weiterkommst. Geh dabei nicht jeder Schwierigkeit durch Nachschlagen aus dem Wege. Du bringst dich sonst um den Lernerfolg.
- Arbeite nicht länger als eine Stunde.
- Überfliege bei jedem Neubeginn die Teile, die du schon bearbeitet hast.
- Lass die Intervalle zwischen deinem Arbeiten nicht länger als zwei bis drei Tage werden.

Und nun an die Arbeit! Auch du wirst den Aufschwung in Mathe schaffen.

I. Das Distributivgesetz und seine Anwendungen

1. Rechnen mit dem Distributivgesetz

Das Distributivgesetz oder Verteilungsgesetz ist eines der wichtigsten Rechengesetze. Du hast mit ihm schon im 5. und 6. Schuljahr gerechnet, vielleicht sogar, ohne es zu wissen. Manchmal hilft das Gesetz nämlich dabei, Rechnungen zu vereinfachen.

1

Berechne: **a)** $37 \cdot 21 + 13 \cdot 21$ **b)** $45 \cdot 63 - 23 \cdot 45$

Du hast Aufgabe 1 hoffentlich so gelöst:

a)
$$37 \cdot 21 + 13 \cdot 21 = (37 + 13) \cdot 21 = 50 \cdot 21 = 1050$$

b)
$$45 \cdot 63 - 23 \cdot 45 = 45 \cdot (63 - 23) = 45 \cdot 40 = 1800$$

Selbstverständlich gelangt man auch zum richtigen Ergebnis, wenn man zunächst die einzelnen Produkte $37 \cdot 21$, $13 \cdot 21$ oder $45 \cdot 63$ und $23 \cdot 45$ berechnet. Der Weg über das Distributivgesetz, hier das so genannte Ausklammern, ist jedoch einfacher.

2

Berechne entsprechend.

a) $48 \cdot 15 + 15 \cdot 22$ **b)** $82 \cdot 17 - 52 \cdot 17$ **c)** $50 \cdot 36 + 44 \cdot 50$

d) $28 \cdot 93 - 73 \cdot 28$ **e)** $64 \cdot 35 - 34 \cdot 35$ **f)** $78 \cdot 12 + 22 \cdot 12$

g) $46 \cdot 20 + 31 \cdot 20 + 13 \cdot 20$ **h)** $25 \cdot 71 - 36 \cdot 25 - 15 \cdot 25$

i) $67 \cdot 11 - 25 \cdot 11 + 8 \cdot 11$ **j)** $16 \cdot 31 + 49 \cdot 31 - 15 \cdot 31$

Dasselbe können wir auch bei Aufgaben mit Formvariablen durchführen.

Beispiele:

1.
$$8 \cdot x + 12 \cdot x = (8 + 12) \cdot x = 20 \cdot x$$

2.
$$3 \cdot a + 3 \cdot b = 3 \cdot (a + b)$$

Allgemein formulieren wir das

Distributivgesetz

Es gilt $a \cdot b + a \cdot c = a \cdot (b + c)$ für alle Zahlen a, b und c.

3

Vereinfache mit Hilfe des Distributivgesetzes.

a) $7x + 9x$ **b)** $35z - 18z$ **c)** $128a + 52a$

d) $0{,}4c - 1{,}9c$ **e)** $20a + 0{,}5a$ **f)** $4{,}36x - 2{,}63x$

g) $\frac{4}{9}t + \frac{5}{12}t$ **h)** $6\frac{1}{2}k - \frac{3}{4}k$ **i)** $10\frac{4}{15}x - 3\frac{1}{5}x$

j) $17x - 64x + 31x$ **k)** $0{,}33v - 1{,}96v + 5{,}06v - 4{,}1v$

l) $629g - 374g - 1590g + 25g$ **m)** $23{,}7t + 0{,}04t + 1{,}85t - 18t$

n) $\frac{2}{25}x + 4\frac{1}{5}x + \frac{21}{100}x$ **o)** $6\frac{1}{2}a - 10\frac{1}{4}a + \frac{5}{8}a$

Häufig kommen in Termen (arithmetische Ausdrücke) unterschiedliche Variablen vor. Um die Übersicht nicht zu verlieren, ordnet man sie nach dem Alphabet.

Beispiel: $3x + 4y - 2y + 5x = \underline{3x + 5x + 4y - 2y} = 8x + 2y$

Wenn du im Umgang mit Termen sicherer geworden bist, kannst du das Zusammenfassen im Kopf ausführen, ohne es zu notieren.

4

Fasse zusammen. Beachte die unterschiedlichen Variablen!

a) $7x-12x+6y+15y$

b) $36a-15b+79a+8b$

c) $458p-34q-101q-312p$

d) $55u+33v-16u+4u+12v$

e) $26b+49c-19b+92a+60c$

f) $83x-120z+35y-62y+76z-39x$

g) $4{,}5a-9{,}2b-8{,}3a+4{,}5b-6b$

h) $0{,}3e+0{,}7f-0{,}5e+1{,}3f+0{,}2e$

i) $5{,}68z-4{,}29y+5{,}03z+3{,}20x+1{,}29y-0{,}32z+4{,}15x$

j) $29a-37a+59c-44b-94d+82a-70b-123c+73d$

k) $\frac{1}{2}x-\frac{3}{4}y+3\frac{1}{2}x+2\frac{1}{4}y-2x$

l) $5\frac{1}{3}z+\frac{4}{9}y-2\frac{2}{3}z-4z+6\frac{5}{9}y$

m) $3\frac{5}{6}u+\frac{1}{6}w+4\frac{2}{3}v-1\frac{1}{2}u-5v+\frac{2}{3}w+\frac{5}{6}u$

Bei sehr langen und unübersichtlichen Termen ist es manchmal hilfreich, wenn du die zusammengehörigen Terme markierst.

Beispiel:

$$5x-2y+4y-6z-10x-9y-5z-x+2y+7z+6y-2x$$
$$=5x-10x-x-2x-2y+4y-9y+2y+6y-6z-5z+7z$$
$$=-8x+y-4z$$

5

Markiere die zusammengehörigen Terme und fasse zusammen.

a) $19a+4b-32a+61d-3c+40a+9b+16c-20a+5d-11b$

b) $3{,}7p-1{,}2s+4{,}5r-6{,}6s+4q+3{,}6s-0{,}4r-5p+2{,}9q-6s$

c) $283y+102x-59z-200x+82x-421y-69z+38x+176z$

d) $1\frac{3}{4}a+3\frac{1}{2}c+4\frac{5}{6}a-\frac{1}{3}b+1\frac{2}{3}c-\frac{1}{6}a+2b-3\frac{1}{2}a$

6

In den einzelnen Termen kommen manchmal mehrere Variablen gleichzeitig vor. Ordne auch hier in alphabetischer Reihenfolge.

a) $6a^2-4ab+5a^2+3b^2-2a^2+9ab-6b^2+10ab-4a^2$

b) $2xz-4xy+5xz+11yz-9xy+6xy-23yz-8xy+7xz$

c) $4a+5ab+6a^2-3ab+7a^2-2a+ab-5a^2$

d) $0{,}6pq + 4{,}2q - 5p^2 - 2{,}4pq - 7q + 4{,}1p^2 + 9{,}6q - 3pq$

e) $a^2b + 2ab^2 - a^3 + 4a^2b - b^3 + 5ab^2 + 6a^3 - 7ab^2 + 3ab^2$

Du hast das Distributivgesetz beim Addieren und Subtrahieren von Termen kennen gelernt. Eine besonders wichtige Rolle spielt es beim Auflösen (Ausmultiplizieren) von Klammern.

Beispiele:
1. $(3a - 4b) \cdot 2 = 3a \cdot 2 - 4b \cdot 2 = 6a - 8b$
2. $3x \cdot (x + y) = 3x \cdot x + 3x \cdot y = 3x^2 + 3xy$

7

Löse die Klammern auf.

a) $(2a + 7b) \cdot 4$ **b)** $(5x - 9) \cdot 6$ **c)** $2a \cdot (12 + 3b)$

d) $(0{,}3x - 1{,}4y) \cdot 8$ **e)** $12(3 - 8y)$ **f)** $a(ab - 2b^2)$

g) $(3x + 4y - 2z) \cdot 5$ **h)** $6a \cdot (b - 3 + 7a)$ **i)** $ab(a + b - 1)$

j) $1{,}5 \cdot (6p + 10q - 7r)$ **k)** $(4xy - 9xz + 4) \cdot 2y$ **l)** $0{,}5(3x - 6y + 8z)$

8

Löse jeweils die Klammern auf und fasse dann zusammen.

a) $2 \cdot (x - 3y) + 4 \cdot (3x - 2y)$ **b)** $(6x + 7) \cdot 3 + 5 \cdot (2 - 8x)$

c) $3x \cdot (7x - 5y) + (x^2 + 3xy) \cdot 6$ **d)** $a(a - b) + b(b - a)$

e) $u \cdot (1 - 5v) + v \cdot (2u + 5v)$ **f)** $ab \cdot (3a + 6b) + (ab - 2b^2) \cdot 3a$

g) $17x + (3x - 5) \cdot 4 + x(12 - y)$ **h)** $p(3p - 8q) - 12pq + 4(p^2 - 4pq)$

i) $6a(2 + 3b) + 4(3ab - 5a) + 2b(7a - 1) - 5b$

j) $5x(9y - 12z) - 9yz + 8(3xy - 7x^2) + (6x - y)3z + 12x^2$

Bisher gab es beim Auflösen der Klammern keine Schwierigkeiten. Besonders aufmerksam musst du jedoch sein, wenn vor einer Klammer ein Minuszeichen steht.

Beispiel:

$28a - 3 \cdot (2b + 4a - 5c)$
$= 28a - 3 \cdot (+2b) - 3 \cdot (+4a) - 3 \cdot (-5c)$
$= 28a - 6b \quad - 12a \quad + 15c$
$= 16a - 6b + 15c$

9

Betrachte die Vorzeichen der Terme in der Klammer. Vergleiche sie mit den Vorzeichen der entsprechenden Terme nach dem Ausmultiplizieren. Fülle dazu die Tabelle aus:

Term	Vorzeichen vorher	Vorzeichen nachher
2b	+	
4a		
5c		

Beim Auflösen einer Minusklammer erhalten alle Terme der Klammer das entgegengesetzte Vorzeichen!

10

Löse die Klammern auf und fasse zusammen.

a) $9x - 4 \cdot (8y + 3x)$

b) $3{,}6 - 0{,}5 \cdot (16 - 8a) + a$

c) $2a \cdot (3 + 6a) - 5(4a^2 + 3a)$

d) $x - (x + y - z)$

e) $13xz - 2x \cdot (4x - 3y + 6z)$

f) $(a + b)a - b(a - b)$

g) $2\frac{1}{2}x - \frac{1}{4}x \cdot (4 - y)$

h) $6\left(\frac{2}{3}p - 1\frac{1}{2}q\right) - (3p - 4q)$

i) $28c - (34d + 12c) - (16c + 26d)$

j) $12a - 3(6b + 4c - 5a)$

k) $a(a + b) - b(a - b) - a(b - a) - a(a - b) + b(a + b)$

l) $6x(12y - 17z) - 8y(15x - 20z) - 5z(21x - 16y)$

m) $\frac{1}{2}(5u - 8v + 6w) - \frac{1}{3}(21v - 30w + 9u) - \frac{1}{4}(20w - 14u + 24v)$

n) $xy(x + y) - x^2(y - 1) + y^2(1 - x) - (x^2y - xy^2)$

Nachdem du nun die Grundlagen des Rechnens mit Klammern kennen gelernt hast, kannst du auch Aufgaben lösen, in denen mehrere Klammerarten vorkommen. Wichtig ist, dass du die Regeln genau betrachtest und die Klammern von innen nach außen hin auflöst.

Beispiel:

$[31x-5(x+4)-18]\cdot 3$	
$=[31x-5x-20-18]\cdot 3$	Innere Klammer ausmultiplizieren
$=[26x-38]\cdot 3$	Zusammenfassen
$=78x-114$	Äußere Klammer ausmultiplizieren

11

Überprüfe die Richtigkeit der folgenden Rechnung. Notiere Kommentare zu den einzelnen Rechenschritten.

$45x-2[5x-(8x+1)\cdot 4]$ ____________________

$=45x-2[5x-32x-4]$ ____________________

$=45x-2[-27x-4]$ ____________________

$=45x+54x+8$ ____________________

$=99x+8$

12

Löse entsprechend.

a) $[16a-(5b-9a)]\cdot 2-13b$

b) $4[5(3x+2)+9]-(12x+23)$

c) $34q+18p-3\cdot[6p-(9p+q)]$

d) $33a^2-[4ab+2a(5b-7a)]$

e) $u\cdot[12v-(6u+8v)]-3u\cdot(4u-10v)$

f) $0{,}5\cdot[22z-18(y-2x)]-2[13y+1{,}5(4z-6x)]$

g) $5\cdot\{a\cdot[b\cdot(4-a)+3ab]-6ab\}+35a^2b$

h) $17-\{3m-[4n-(6+5m)]-9\}-8n$

13

Prüfe, ob der Ergebnisterm richtig ist. Rechne nach.

	Term	Ergebnis
a)	$(7a-3b)\cdot 4+3(8b-5a)$	$13a+12b$
b)	$12(4u-3)-7(u+6)$	$41u-78$
c)	$16s+3[5t-2(3t+7s)]$	$-26s+t$
d)	$[(6x+y)\cdot 5-12x]\cdot 4-25y$	$72x-5y$

14

In den folgenden Rechnungen stecken Fehler. Finde und verbessere sie.

a) $24x-[35y-2\cdot(10x+17y)]$
$=24x-[35y-20x+34y]$
$=24x-[69y-20x]$
$=24x-69y-20x$
$=4x-69y$

b) $a-[2(a+b)-3b]$
$=a-2(a+b)-3b$
$=a-2a-b-3b$
$=-a-2b$

Du weißt, dass man die Richtigkeit einer Rechnung dadurch überprüfen kann, dass man die Einzelschritte kontrolliert oder die gesamte Rechnung noch einmal durchführt. (Aufgabe 11 bis 13).
Wir wollen hier ein Verfahren entwickeln, mit dessen Hilfe man schnell zum Ziel kommt und die Wiederholung von Fehlern vermeidet.

15

a) Überprüfe, ob durch Vereinfachen des Terms $11x-(5x+2)\cdot 3+8$ der Term $-4x+2$ entsteht.

b) Ersetze im Term $11x-(5x+2)\cdot 3+8$ die Variable x durch die Zahl 1. Rechne aus.

c) Setze im Term $-4x+2$ statt x die Zahl 1 ein. Welches Ergebnis erhältst du?

d) Vergleiche die Ergebnisse von b) und c).

e) Ersetze in beiden Termen x durch 2 und vergleiche die Ergebnisse.

f) Belege in beiden Termen x mit -1 und vergleiche dann die Ergebnisse.

16

Betrachte die Terme $3(2a-5)-6(1-4a)$ und $30a-21$.

a) Ersetze jeweils a durch 1 und rechne aus. Vergleiche die Ergebnisse.

b) Mache dasselbe mit 3 und -2 für a.

c) Prüfe, ob durch Umformung des ersten Terms aus a) der zweite Term entsteht.

17

a) Belege in den Termen $23x-(11x+17)\cdot 3$ und $10x-51$ jeweils x mit 1 und rechne aus. Vergleiche die Ergebnisse.

b) Lässt sich der Term $23x-(11x+17)\cdot 3$ so vereinfachen, dass der Term $10x-51$ entsteht?

Die Aufgaben 15 – 17 haben gezeigt, dass man überprüfen kann, ob eine Rechnung einen Fehler enthält, indem man in Anfangs- und Ergebnisterm jeweils für die Variable dieselbe Zahl einsetzt und ausrechnet. Stimmen die Ergebnisse nicht überein, so war die Termumformung fehlerhaft. Die Zahl, die man einsetzt, darf man frei wählen. Es sollte eine möglichst einfache Zahl sein, am besten natürlich die 1. (Die Null ist jedoch nicht so gut geeignet.)

18

Überprüfe, ob der Ergebnisterm richtig angegeben ist. Setze für die Variable eine geeignete Zahl ein. Berichtige gegebenenfalls die Fehler!

	Term	**Ergebnis**
a)	$5x-[7-2(3x+1)]$	$-x-5$
b)	$(a-8)\cdot 3+(3a-5)\cdot 4$	$5a-4$
c)	$2t-7+9(3-t)$	$-7t+20$
d)	$3[z+4(z-1)]+12z$	$27z+12$

19

In den Termen $6(x-2y)-5(3x+y)$ und $-9x-17y$ kommen mehrere Variablen vor. Setze für x die Zahl 1 und für y die Zahl 2 ein und rechne aus.

20

Überprüfe durch Einsetzen geeigneter Zahlen. Berichtige die Fehler.

a) $3(5a+9b)-4(2a-3b)=7a+39b$

b) $8u-4(3u-5v)-16v=-4u-4v$

c) $19x+2[3y-4(x+y)]=11x+2y$

21

In dieser Rechnung fehlen Terme:

$3a-4(2b-\_\_\_\_)$ Rechne: $4\cdot\_\_\_\_=\_\_\_\_$

$=3a-8b+\_\_\_\_$ Rechne: $3a+\_\_\_\_=15a$

$=15a-8b$

a) Welcher Term muss in der zweiten Zeile ergänzt werden, damit die Rechnung stimmt? Rechne rückwärts.

b) Trage den Term aus a) in die Rechnung ein. Ermittle den Term, der in der ersten Zeile fehlt.

22

Ergänze die fehlenden Terme. Beginne am Ende der Aufgabe und arbeite dich schrittweise bis zum Anfang vor.

a) $100a - 6[4b - \_\_\_\_ \cdot (a - 3b)]$

$= 100a - 6[4b - \_\_\_\_ + 15b]$

$= 100a - 6[19b - \_\_\_\_]$

$= 100a - 114b + \_\_\_\_$

$= 130a - 114b$

b) $8 \cdot [7y - 3(\_\_\_\_ + y) + 12z] - 14z$

$= 8 \cdot [7y - \_\_\_\_ - 3y + 12z] - 14z$

$= 8 \cdot [4y - \_\_\_\_] - 14z$

$= 32y - \_\_\_\_ - 14z$

$= 32y - 38z$

23

Bei den folgenden Aufgaben sind manchmal eine oder mehrere Klammern überflüssig. Überlege, welche Klammern man weglassen kann und vereinfache dann.

a) $17p + \{33q - [16 + 2 \cdot (4p - 6q)] + 12\}$

b) $17p - \{33q + [16 + 2 \cdot (4p - 6q)] + 12\}$

c) $17p - \{33q - [16 - 2 \cdot (4p - 6q)] - 12\}$

d) $17p + \{33q + [16 + 2 \cdot (4p - 6q)] - 12\}$

Steht vor einer Klammer ein Minuszeichen (Minusklammer) oder wird die Klammer mit einem Faktor multipliziert, so darf man sie nicht weglassen. Steht vor der Klammer lediglich ein Pluszeichen (Plusklammer), und wird sie nicht mit einem Faktor multipliziert, so ist sie überflüssig und kann entfallen.

24

Vereinfache die Terme. Achte darauf, ob überflüssige Klammern vorhanden sind.

a) $3x \cdot \{2 + [4 - 2y + 3(x - 5)] - 3x\}$

b) $ab - a\{6 + 5a - [4 - b + (3 - a) \cdot 2]\}$

c) $[(x + y) \cdot x - (x + y) \cdot y] + 2x^2$

d) $9s - \{15s + 3[8 - (s + 1) \cdot 5] - 20\}$

25

Berechne und vergleiche.

a) $34 \cdot 12 - 34 \cdot 2$ und $12 \cdot 34 - 2 \cdot 34$
sowie $34 \cdot (12 - 2)$ und $(12 - 2) \cdot 34$

b) $16 \cdot 8 + 16 \cdot 12$ und $8 \cdot 16 + 16 \cdot 12$
sowie $16 \cdot (8 + 12)$ und $(8 + 12) \cdot 16$

c) $72 : 8 - 32 : 8$ und $8 : 72 - 8 : 32$
sowie $(72 - 32) : 8$ und $8 : (72 - 32)$

d) $90 : 15 + 60 : 15$ und $15 : 90 + 15 : 60$
sowie $(90 + 60) : 15$ und $15 : (90 + 60)$

Nach den Ergebnissen von Aufgabe 25 kann man vermuten, dass das Distributivgesetz in jedem Falle bei der Multiplikation und in gewissen Fällen auch bei der Division gilt. Ohne den Beweis zu liefern, formulieren wir:

Für alle Zahlen a, b und c ($c \neq 0$) gelten die Distributivgesetze:

1. $a \cdot (b + c) = a \cdot b + a \cdot c$
2. $(a + b) \cdot c = a \cdot c + b \cdot c$
3. $(a + b) : c = a : c + b : c$

In allen drei Fällen kann man das + durch ein − ersetzen.

26

Wende die Distributivgesetze an und vereinfache dann.

a) $6x \cdot (8y + 5)$ **b)** $(6x + 8y) : 2$ **c)** $a(a^2b - ab^2)$

d) $(15xy - 25xz) : 5x$ **e)** $(15xy - 25xz) \cdot 5x$ **f)** $(a^2b + ab^2) : ab$

g) $x^2(1-2y+z)$ **h)** $(114ab+38b):19b$ **i)** $(6p^2-9pq+15p):3p$

j) $(7u+14v-21w)\cdot 7$ **k)** $(48-96x+60y):12$ **l)** $xy\cdot(2x-8y+4)$

27

Bei welchen der folgenden Aufgaben darfst du eins der Distributivgesetze anwenden? Löse sie.

a) $2a\cdot(4-7b)$ **b)** $2a:(4-7b)$ **c)** $(4a-14ab):2a$

d) $(4a-14ab)\cdot 2a$ **e)** $xyz\cdot(x+y+z)$ **f)** $(x^2y-3xy^2):xy$

g) $4p:(9p^2+12pq)$ **h)** $(8p^2+12pq):4p$

Mit Hilfe des dritten Distributivgesetzes kann man auch manche Bruchterme vereinfachen.

Beispiel:
$\frac{28ab+21a^2}{7a}=(28ab+21a^2):7a=4b+3a$ für $a \neq 0$

28

Schreibe als Division und vereinfache wie im Beispiel.

a) $\frac{8x-12y}{4}$ **b)** $\frac{36x^2+45xy}{9x}$, $x \neq 0$ **c)** $\frac{abc-a^2b}{ab}$, $a, b \neq 0$

d) $\frac{15u^3-18u^2+27u}{3u}$, $u \neq 0$ **e)** $\frac{2xz-5x^2z+xyz}{xz}$, $x, z \neq 0$ **f)** $\frac{5p+10q}{20}$

Zum Abschluss dieses Kapitels wollen wir uns mit der Analyse von Termen beschäftigen.

29

Gegeben sei der Term $4\cdot(3x+5)$. Setzt man für die Variable x die Zahl 2 ein, so rechnet man aus:

1. Schritt: $3\cdot 2=6$
2. Schritt: $6+5=11$
3. Schritt: $4\cdot 11=44$

Notiere die entsprechenden Rechenschritte für die Zahl 5.

30

Beim Einsetzen mehrerer Zahlen in einen Term lohnt sich das Anlegen einer Tabelle:

	·3	+5	·4
x	3x	3x+5	(3x+5)·4
2	6	11	44
5			
9			
−1			
−4			
0			

Fülle die Tabelle aus.

31

Lege eine entsprechende Tabelle für den Term $2(6a-3)+7$ an und belege den Term nacheinander mit den Werten 3, 6, -2, -5 und 0.

1

Berechne:

a) $35 \cdot 48 + 35 \cdot 12$

b) $96 \cdot 13 - 3 \cdot 96$

c) $27 \cdot 15 + 27 \cdot 23 - 8 \cdot 27$

2

Fasse zusammen:

a) $16x - 3xy + 8x^2 - 9xy - 30x^2 + 12x + 11xy$

b) $8{,}2p + 3{,}7 - 9q - 5{,}4 - 0{,}5p + 2{,}2q - 8 + 1{,}9q$

c) $1\frac{2}{3}a - 4a^2 - \frac{1}{3}a + \frac{3}{4} + \frac{5}{6}a^2 - 2a + \frac{1}{2}$

3

Löse die Klammern auf und fasse zusammen.

a) $(5x + 9z) \cdot 3 - x \cdot (10 + 9z)$

b) $ab^2 - b(2a + 3ab - 6a^2) + a(4ab - b^2 + 2b)$

4

Vereinfache möglichst weit.

a) $[13pq - (6p + 2q) \cdot 3q] \cdot 5 - 8(q^2 - 3pq)$

b) $6a\{[3 - 2(4b - 5)] + 7b - (b + 5)\} - 24ab$

5

Wende die Distributivgesetze an, falls es möglich ist.

a) $(27uv + 39v^2) : 3v$

b) $(a^2b - ab + b^2) \cdot a$

c) $5x : (4 - 5y)$

d) $5x \cdot (50x - 25xy)$

6

Gegeben sei der Term $7x - 4(3x + 5) + 26$. Welcher der beiden Terme $-5x + 6$ und $5x - 6$ entsteht durch Umformung des gegebenen Terms?

2. Lineare Gleichungen mit einer Variablen

Gleichungen unterschiedlicher Art begegnen uns in der Mathematik auf Schritt und Tritt. Es sind – ebenso wie Ungleichungen – Aussageformen. Häufig kommen Gleichungen vor, in denen eine Variable, meistens x, steht. Diese Variable ist aus einer vorgegebenen Grundmenge G so zu bestimmen, dass die Gleichung in eine wahre Aussage überführt wird.
Anders formuliert: Jede Ersetzung aus G, die die Gleichung in eine wahre Aussage überführt, heißt Lösung der Gleichung.
Wenn nicht ausdrücklich vermerkt, soll im Folgenden die Grundmenge G gleich der Menge $\mathbb{Q}$ der rationalen Zahlen sein.

Beispiel:
Die Gleichung lautet $2x+3=15$.
Für $x=4$ ergibt sich $2\cdot 4+3=15$, also $11=15$ eine falsche Aussage.
Für $x=6$ ergibt sich $2\cdot 6+3=15$, also $15=15$ eine wahre Aussage.
$x=6$ ist also eine Lösung der Gleichung $2x+3=15$.

1

Gibt es außer $x=6$ noch weitere Zahlen, für die die Gleichung $2x+3=15$ eine wahre Aussage darstellt?

2

Nenne die Lösungen der folgenden Gleichungen.

a) $6x-5=7$ **b)** $21+3x=36$ **c)** $16-x=4$

d) $x+3=1$ **e)** $2x+1=8$ **f)** $5+8x=5$

In den meisten Fällen kann man die Lösung einer Gleichung nicht so leicht ablesen wie in Aufgabe 2. Man formt die Gleichung daher so um, dass sich die Lösung ausrechnen lässt. Hierbei ist zu beachten, dass auf beiden Seiten des Gleichheitszeichens dasselbe gemacht wird und dass nur bestimmte Umformungen erlaubt sind. Derartige Umformungen heißen Äquivalenzumformungen, da sie die Lösung nicht verändern, sondern gleichwertig (= äquivalent) lassen.

Äquivalenzumformungen sind:
- Addition oder Subtraktion desselben Terms oder derselben Zahl auf beiden Seiten der Gleichung
- Multiplikation der Gleichung mit einer rationalen Zahl außer Null
- Division durch eine rationale Zahl außer Null

Beispiel:

$$16x-9=5+12x$$

Bestimmung der Lösung mit Hilfe von Äquivalenzumformungen

$$
\begin{aligned}
16x-9 &= 5+12x && \mid -12x \quad \text{Subtraktion eines Terms}\\
16x-9-12x &= 5+12x-12x &&\\
4x-9 &= 5 && \mid +9 \quad \text{Addition einer Zahl}\\
4x-9+9 &= 5+9 &&\\
4x &= 14 && \mid :4 \quad \text{Division durch eine Zahl } (\neq 0)\\
x &= \frac{14}{4}=\frac{7}{2}=3{,}5 &&
\end{aligned}
$$

Ergebnis: $x=3{,}5$ ist Lösung der Gleichung $16x-9=5+12x$.

Wir schreiben $\mathbb{L}=\{3{,}5\}$. Die Lösungsmenge $\mathbb{L}$ enthält die Zahl 3,5.

Erinnere dich:
Die Lösungsmenge $\mathbb{L}$ ist eine Teilmenge der Grundmenge G.

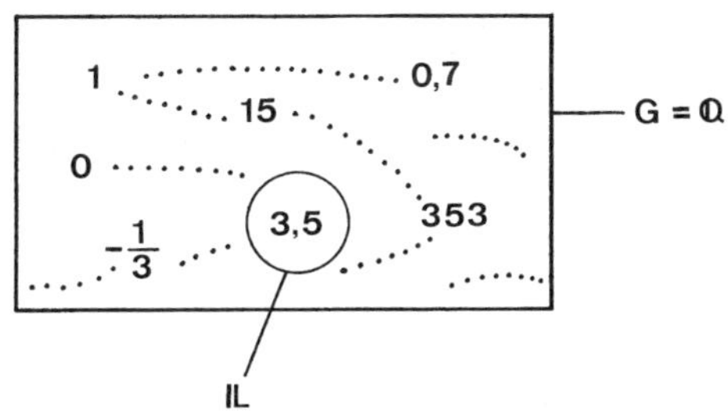

3

Mache die Probe.

4

Bestimme die Lösung wie im Beispiel. Mache die Probe.

a) $8x+3=19+4x$ **b)** $22-17x=3x-18$

c) $x+1=2x-7$ **d)** $36x+4=12x-20$

e) $3{,}8-2{,}3x=0{,}2x-3{,}7$ **f)** $5-0{,}6x=-1{,}4+x$

g) $\frac{2}{3}x+4\frac{1}{2}=\frac{1}{3}x-1\frac{1}{2}$ **h)** $\frac{3}{5}-\frac{1}{2}x=\frac{1}{2}+\frac{3}{5}x$

5

Ermittle die Lösungen. Fasse, falls möglich, zunächst Terme zusammen.

a) $2x+5+7x=18-3x-11$ **b)** $3x-4=x+6-2x-9$

c) $42-13x+25=6x-9$ **d)** $8-x-14=8+x-14$

e) $22x=10x-19+17x-16$ **f)** $30-8x-9+15x=7$

Stehen auf den Seiten einer Gleichung Klammern, so sind diese zu beseitigen. Danach kannst du Terme zusammenfassen und dann die Gleichung lösen.

Beispiel:

$$
\begin{aligned}
3(5x-11)+21 &= 2(3-5x)-5x && \text{Klammern auflösen}\\
15x-33+21 &= 6-10x-5x && \text{Zusammenfassen}\\
15x-12 &= 6-15x && \mid +15x\\
30x-12 &= 6 && \mid +12\\
30x &= 18 && \mid :30\\
x &= \frac{18}{30}=\frac{3}{5}=0{,}6\\
\mathbb{L} &= \{0{,}6\}
\end{aligned}
$$

6

Mache die Probe.

7

Löse entsprechend.

a) $(2x-5)\cdot 4+13=6+3(x-6)$

b) $3x+2(x-4)=8(2x-7)-7$

c) $6(2x+1)=4(4+x)-6$

d) $6(5-2x)+x=13-4x+5(1-2x)$

8

Mache die Probe zu den Aufgaben 7 a) bis d).

9

a) Bestimme die Lösung der Gleichung.
$3(6x-8)+4=2x+4(4x-5)$

b) Setze für x in die Gleichung nacheinander die Zahlen 1, 2, 5, 0 und −3 ein. Ergeben sich dabei wahre Aussagen?

10

Verfahre entsprechend mit folgender Gleichung.
$(2x-1)\cdot 5-3x=7(x-2)+9$

Offensichtlich kommen auch Gleichungen vor, in denen nicht genau eine Zahl die Lösung darstellt. Wie du in Aufgabe 9 und 10 gesehen hast, kann man unterschiedliche Zahlen für die Variable x einsetzen, und dennoch ergibt sich immer eine wahre Aussage.

Beispiel:

$x+3=3(x+1)-2x$ — Klammer auflösen

$x+3=3x+3-2x$ — Zusammenfassen

$x+3=x+3 \quad | -x-3$

$0=0$

11

Bestätige, dass auch die Gleichung im Beispiel eine wahre Aussage liefert. Sind folglich alle dir bekannten Zahlen Lösungen dieser Gleichung?

Die Lösungsmenge lautet daher $\mathbb{L}=\mathbb{Q}$.

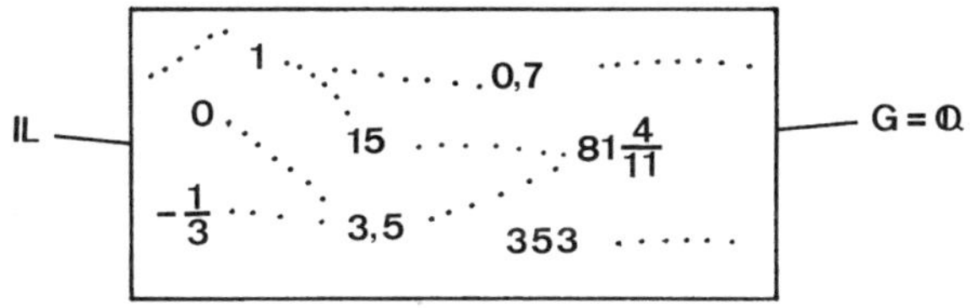

12

Bestimme die Lösungsmengen der Gleichungen.

a) $4(2-3x)+5=6(3-2x)-5$

b) $2(x+1)=x-1$

c) $2x-2(x+3)=-6$

d) $x-35=7(2x-5)-13x$

13

Gegeben sei die Gleichung $16x-(4x+9)=6(2x+5)$.

Vereinfache sie so weit wie möglich mit Hilfe der Äquivalenzumformungen. Besitzt sie eine oder mehrere Lösungen?

14

Versuche entsprechend die Gleichung $3(x+1)-4=3x+1$ zu lösen.

Schauen wir uns noch einmal den Rechenweg von Aufgabe **14** an:

$3(x+1)-4=3x+1$ — Klammern auflösen

$3x+3-4=3x+1$ — Zusammenfassen

$3x-1=3x+1 \quad | -3x$

$-1=1$

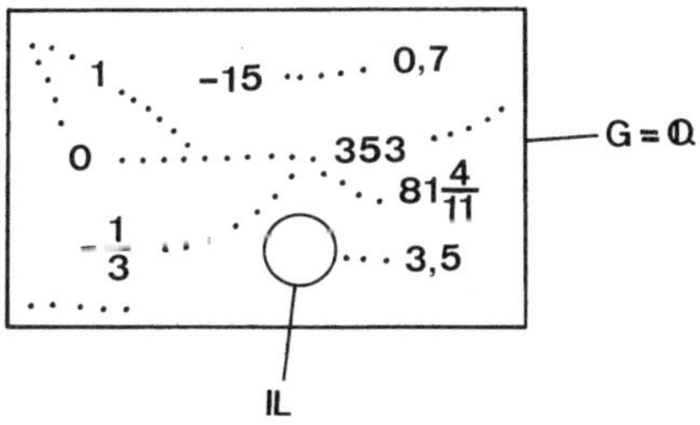

Dies ist eine falsche Aussage, und zwar für alle x!

Folglich muss gelten: $\mathbb{L} = \{\ \}$

(Die Lösungsmenge ist die leere Menge, es gibt keine Lösung.)

15

Besitzen die folgenden Gleichungen Lösungen? Falls ja, ermittle sie.

a) $8(x-2)=4x+2(2x-5)$ **b)** $3(6x-4)=6(3x+2)$

c) $15x=7x-(11-4x)$ **d)** $15x=4x-(7-11x)$

e) $5(x-6)=3(4x-10)$ **f)** $17x-2(x+3)=3(5x-1)$

16

Bestimme die Lösungsmenge.

a) $0{,}5(2x-4)-1{,}7=2{,}5(2x-1)$ **b)** $1{,}25-(0{,}7x+3{,}75)=0{,}35(4-2x)$

c) $45x+7(12-8x)=11x+84$ **d)** $26-4(17-9x)+15x=0$

e) $\frac{1}{2}(6x+5)-\frac{2}{3}x=\frac{1}{3}(9x+7)$ **f)** $\frac{2}{3}\left(x+\frac{3}{4}\right)=\frac{1}{2}(1+x)+\frac{1}{6}x$

17

Notiere, bei welchen Teilaufgaben von 15 und 16 die Lösungsmenge

a) aus einem Element besteht,

b) alle Zahlen enthält und

c) keine Zahl enthält.

Beim Lösen einer linearen Gleichung mit einer Variablen wirst du immer wieder auf eine dieser drei Möglichkeiten treffen. Andere Fälle gibt es nicht.

Wir fassen zusammen:

Beim Lösen linearer Gleichungen mit einer Variablen können drei verschiedene Fälle auftreten ($G=\mathbb{Q}$):

1. Die Gleichung besitzt genau eine Lösung, z. B. 7. $\mathbb{L}=\{7\}$
2. Alle Zahlen sind Lösungen. $\mathbb{L}=\mathbb{Q}$
3. Die Gleichung besitzt keine Lösung. $\mathbb{L}=\{\ \}$

18

Bestimme die Lösungsmenge.

a) $2(4x+3)=4(1-2x)$

b) $x-5=(1-x)\cdot 2$

c) $0{,}5(2x+7)=-(x-1{,}5)+2(x+1)$

d) $6x+3=2(4+3x)-1$

e) $\frac{1}{2}\left(\frac{1}{4}-\frac{1}{4}x\right)=\left(\frac{1}{4}x-\frac{1}{2}\right)\cdot\frac{3}{4}$

f) $\frac{3}{2}\left(\frac{1}{3}x-\frac{1}{4}\right)=\left(\frac{1}{4}x-4\right)\cdot 2$

19

Untersuche, wie viele Lösungen die Gleichungen besitzen.

a) $1{,}5x-(12-x)=-3(3-x)$

b) $1-3x-(3x-1)=0$

c) $2-(10-x)=x$

d) $14-(2+2x)+7x=7(x+2)-(1+x)\cdot 2$

e) $7x-1=7(x-1)$

f) $(4x+1)\cdot 4-6(2x+1)=-4(x-1)$

g) $\frac{4}{3}-\frac{1}{2}x=x+\frac{2}{3}$

h) $2\left(1-\frac{1}{2}x\right)-4\left(x-\frac{1}{4}\right)=0$

20

Betrachte die beiden Terme $3x+2(x-1)$ und $3(x+1)+2x-5$.

a) Setze jeweils für die Variable x die Zahl 1 ein und rechne aus. Vergleiche die Ergebnisse.

b) Fülle die Tabelle aus:

x	$3x+2(x-1)$	$3(x+1)+2x-5$
2	8	
5		
−1		
−3		
0		

c) Löse die Klammern auf und vereinfache die beiden Terme möglichst weit. Was stellst du fest?

Setzt man für x jeweils dieselbe Zahl ein, so liefern die beiden Terme aus Aufgabe 20 immer dasselbe Ergebnis, denselben Wert. Man sagt daher: die Terme sind gleichwertig (lat. äquivalent).

21

Ist der Term aus 20 c) auch gleichwertig (äquivalent) zu den Termen aus 20 a)?

22

Prüfe, ob die Terme $16x-5(3x+2)$ und $15x-7(2x+1)-3$ gleichwertig sind. Lege dazu eine Tabelle an und setze für x nacheinander die Zahlen 1, 3, 8, −1, −2 und 0 ein.

3. Lineare Ungleichungen mit einer Variablen

Ungleichungen sind wie Gleichungen Aussageformen, in denen eine oder mehrere Variable vorkommen. Ersetzt man die Variablen durch Zahlen, so können auch hier wahre oder falsche Aussagen entstehen.

In Ungleichungen kommen diese **Ungleichheitszeichen** vor:

$>$ größer $\geq$ größer oder gleich
$<$ kleiner $\leq$ kleiner oder gleich

1

Notiere ein w bei den wahren und ein f bei den falschen Aussagen.

$7>3$ _____	$-8\leq 4$ _____	$0>-1$ _____	$17\geq 35$ _____
$0{,}5\geq \frac{1}{2}$ _____	$6+3>9$ _____	$6+3\leq 9$ _____	$6\leq 9$ _____
$8\cdot 4>-32$ _____	$-7<-1$ _____	$-7\leq -1$ _____	$-7\geq -1$ _____

2

$3x+5=20$ ist eine Gleichung, $3x+5<20$ ist dagegen eine Ungleichung.

a) Setze in die Ungleichung für x die Zahl 1 ein. Ergibt sich eine wahre Aussage?

b) Setze in die Ungleichung nacheinander die Zahlen 3, 7, 12, −1, −5 und 0 ein. Welche Aussagen entstehen? Sind sie wahr oder falsch?

3

Setze in die Ungleichungen nacheinander die Zahlen 1, 2, 6, −1, −4 und 0 ein und notiere, ob wahre oder falsche Aussagen entstehen.

a) $7x+3\geq 4$ **b)** $6x+1<4x+3$

c) $2\leq 5x-7$ **d)** $0>3x-6$

Wie bei den Gleichungen benötigt man auch zum Lösen linearer Ungleichungen Termumformungen. Beim Durchführen von Äquivalenzumformungen musst du jedoch aufpassen, da es hier einige wesentliche Unterschiede gibt.

4

$5>3$ ist eine wahre Aussage. Überlege, ob du weiterhin Aussagen erhältst, wenn du

a) auf beiden Seiten der Ungleichung 9 addierst,

b) jeweils 9 subtrahierst.

5

Addiere oder subtrahiere auf beiden Seiten der Ungleichung die angegebenen Zahlen und prüfe, ob die Ungleichung wahr bleibt.

a) $17>-5 \quad |+6$ **b)** $-17\leq -5 \quad |+10$ **c)** $5>-17 \quad |-8$

d) $2<8 \quad |-12$ **e)** $-2<8 \quad |-12$ **f)** $2\geq -8 \quad |+4$

g) $-35\leq -19 \quad |+16$ **h)** $-35\leq -19 \quad |+19$ **i)** $-35<-19 \quad |-19$

Offensichtlich gibt es keinerlei Probleme, wenn man bei einer Ungleichung auf beiden Seiten dasselbe addiert oder subtrahiert.

6

Multipliziere beide Seiten der wahren Ungleichung $5>3$

a) mit 4, **b)** mit -6,

und prüfe, ob sich wieder wahre Aussagen ergeben.

7

Gehe vor wie in Aufgabe 6. Ist das Ergebnis wieder wahr?

a) $10>-2 \quad |\cdot 3$ **b)** $10>-2 \quad |\cdot(-3)$ **c)** $-24\leq -11 \quad |\cdot(-5)$

d) $-11\geq -24 \quad |\cdot 5$ **e)** $36\geq 24 \quad |:4$ **f)** $36\geq 24 \quad |:(-4)$

8

Überlege, welche Äquivalenzumformungen bei Ungleichungen erlaubt sind. Betrachte dazu die Ergebnisse aus Aufgabe 6 und 7.

a) Multiplikation (oder Division) mit einer positiven Zahl.

b) Multiplikation (oder Division) mit einer negativen Zahl.

Für die folgenden Aufgaben soll gelten: Grundmenge ist die Menge $\mathbb{Q}$ der rationalen Zahlen.

9

Gegeben sei die Ungleichung $-4x<16$.

a) Bestätige, dass man sie nur lösen kann, wenn man beide Seiten durch -4 teilt.

b) Betrachte die Ungleichung $4x>-16$, und nenne drei ihrer Lösungen.

c) Prüfe durch Einsetzen, ob 5, 0 und -3 Lösungen der Ungleichung von b) sind.

d) Sind es auch Lösungen von $-4x<16$?

Die Ungleichungen $-4x<16$ und $4x>-16$ besitzen dieselbe Lösungsmenge. Sie umfasst alle Zahlen, für die gilt $x>-4$. Beide Ungleichungen unterscheiden sich dadurch, dass sie entgegengesetzte Vorzeichen und ein entgegengesetztes Ungleichheitszeichen besitzen. Praktisch bedeutet das, dass du anstatt $-4x<16$ genauso gut $4x>-16$ lösen kannst.

Die Folgerung daraus ist: $-4x \boxed{<} 16 \quad |\cdot(-1)$ Zeichen
ergibt $4x \boxed{>} -16.$ umdrehen!

10

Gib an, welche x Lösungen sind.

a) $30 \leq -6x$ **b)** $8x > -56$ **c)** $-9x < -36$

d) $26x \geq 13$ **e)** $18 > -24x$ **f)** $-5x < 0$

Wir fassen zusammen:
Erlaubte Äquivalenzumformungen bei linearen Ungleichungen sind:

+ oder – derselben beliebigen Zahl
· oder : derselben positiven Zahl

Bei · oder : von negativen Zahlen muss man das Zeichen umdrehen.

Erinnere dich! Bei Gleichungen ist erlaubt:

+ oder – derselben beliebigen Zahl
· oder : derselben beliebigen Zahl
(mit Ausnahme der Null)

Bevor wir nun kompliziertere Ungleichungen lösen, wollen wir uns kurz mit der Lösungsmenge einer Ungleichung beschäftigen.

Beispiel:

$-15 < 6x \quad |:6$

$-\frac{15}{6} < x$ Dezimalbruch angeben

$-2{,}5 < x$ bzw. $x > -2{,}5$

11

a) Welche der Zahlen -4, -3, -2, -1, 0, 1 gehören zu der Lösungsmenge?

b) Wie viele Zahlen enthält die Lösungsmenge?

c) Kannst du die kleinste oder die größte Zahl aus der Lösungsmenge angeben?

Bei einer derartigen Lösungsmenge kann man unmöglich angeben, bei welcher Zahl sie endet oder beginnt. So ist zwar $-2{,}49$ nur wenig größer als $-2{,}5$, aber dazwischen liegen ja noch unendlich viele Zahlen, wie $-2{,}491$, $-2{,}499$ oder gar $-2{,}499999999$, die auch alle größer als $-2{,}5$ sind!

Wir schreiben daher $\mathbb{L} = \{x \in \mathbb{Q} \mid x > -2{,}5\}$
und lesen „die Menge aller rationalen Zahlen, für die gilt $x > -2{,}5$".

Um sich besser vorstellen zu können, welche Zahlen zu dieser Menge gehören und welche nicht, markieren wir sie auf der Zahlengeraden:

$\{x \in \mathbb{Q} \mid x > -2{,}5\}$

Die Klammer bedeutet: $-2{,}5$ gehört nicht dazu.

Fehlt die Klammer, so gehört $-2{,}5$ dazu, die Menge lautet dann $\{x \in \mathbb{Q} \mid x \geq -2{,}5\}$.

12

Welche Mengen sind dargestellt?

a)
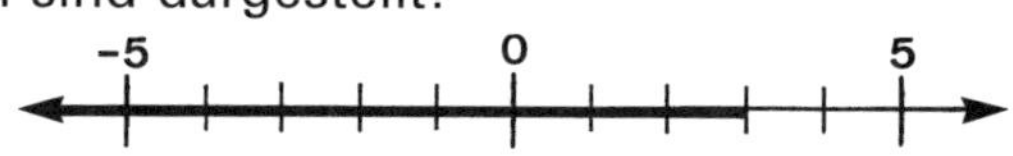

b)
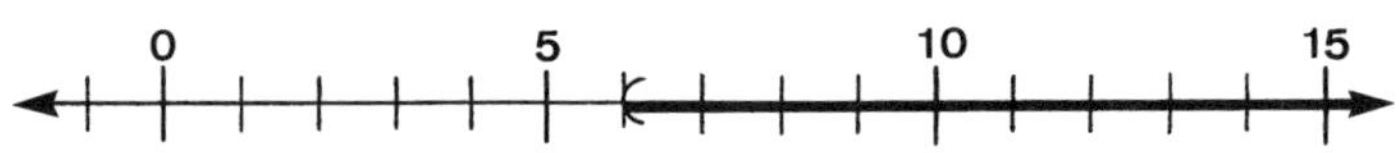

c)

d)
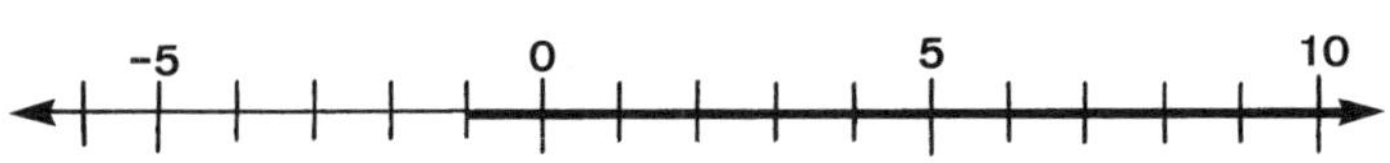

e)

f)
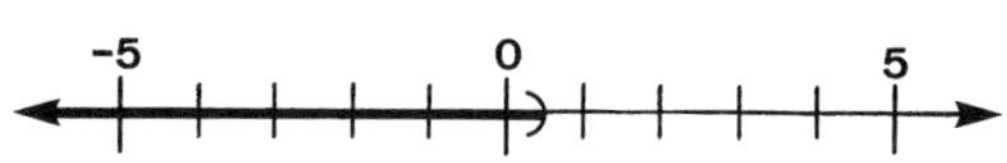

13

Ergänze.

a) $\mathbb{L} =$ ______________________

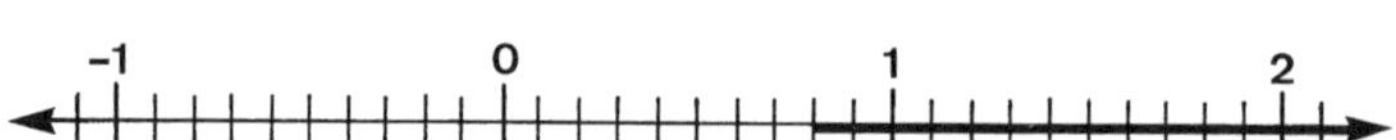

b) $\mathbb{L} = \{x \in \mathbb{Q} \mid x \leq -2\}$

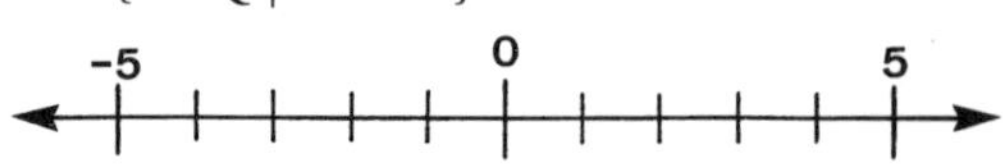

c) $\mathbb{L} =$ ____________________

d) $\mathbb{L} = \{x \in \mathbb{Q} \mid x < -17\}$

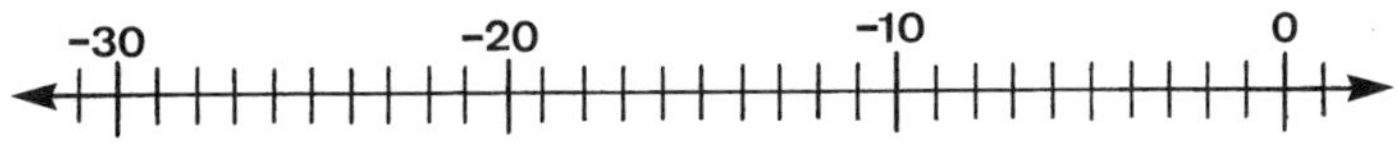

14

a) Schreibe zu **10** die Lösungsmengen in der angegebenen Form auf.

b) Skizziere sie auf der Zahlengeraden.

Wir können jetzt zu aufwendigeren Ungleichungen übergehen. Was dabei zu beachten ist, zeigt noch einmal das folgende Beispiel.

Beispiel:

$3(5-x)-1 \leqq 20$			Klammern auflösen
$15-3x-1 \leqq 20$			Zusammenfassen
$14-3x$	$\leqq 20$	$\mid -14$	
$-3x$	$\leqq 6$	$\mid :(-3)$	Zeichen umdrehen!
x	$\geqq -2$		

$\mathbb{L} = \{x \in \mathbb{Q} \mid x \geqq -2\}$

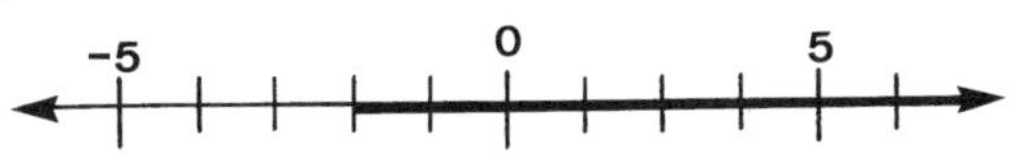

15

Löse wie im Beispiel. Skizziere die Lösungsmenge auf der Zahlengeraden.

a) $3x - 10 < (1-x) \cdot 4$

b) $3(4x+3) \geq 2(1-2x) - 1$

c) $7(x+2) + 3 > 10x + 17$

d) $6(3x-5) - 5(3x-6) \geq 0$

e) $2(1-0{,}5x) - 4(x-1{,}5) \geq 7$

f) $7x - 2(4x-3) < x + 1$

16

Kannst du auch diese Ungleichung lösen?

$3(3x+2) - 2 \geq 2(5x+2) - x$

Welche Lösungsmenge besitzt sie?

Auch bei Ungleichungen gibt es die Lösungsmengen $\mathbb{L} = \mathbb{Q}$ oder $\mathbb{L} = \{\ \}$. Im Unterschied zu den Gleichungen musst du jedoch noch genauer hinschauen, ob am Ende deiner Rechnung eine wahre oder falsche Aussage steht.

Bei wahren Aussagen, wie z. B. $4 < 9$,
$-8 \leq -8$
oder $0 > -1$, ist $\mathbb{L} = \mathbb{Q}$,

bei falschen Aussagen, wie z. B. $4 \geq 9$,
$-8 < -8$
oder $0 < -1$, ist $\mathbb{L} = \{\ \}$.

17

Bestimme entsprechend die Lösungsmenge.

a) $4(3+x)+3 > 2(4+3x)-2x$

b) $7(5+x)-12 \leq 7x+24$

c) $8(2+x)+6 < 5(2+3x)-7x$

d) $0 \geq (1-x)-(1+x)+2x$

e) $4(5-2x)+9 \leq 29-8x$

f) $10(1-3x)+1 > (11-10x)\cdot 3-22$

18

Löse. Skizziere die Lösungsmenge auf der Zahlengeraden.

a) $7x+36 < 3(x-16)$

b) $13(2-x)+9 \geq 13-8(x+1)$

c) $2(x+1)-1 > 1+2x$

d) $3(3x+4) > 5(x+3)+2x$

e) $7(2+x) < (2x-1)\cdot 7-6x$

f) $4(3x-2)+1 \leq 12x-7$

g) $17(x-2)-27 \geq 11(2-6x)$

h) $2-5(2-3x) \geq 3(5x-2)$

1

Welche Äquivalenzumformungen sind erlaubt? Trage in die Tabelle ja oder nein ein.

Äquivalenzumformung	Gleichung	Ungleichung
Addition eines beliebigen Terms		
Subtraktion eines beliebigen Terms		
Multiplikation mit a) einer positiven Zahl b) einer negativen Zahl c) Null		
Division durch a) eine positive Zahl b) eine negative Zahl		

2

Bestimme die Lösungsmenge der Gleichungen.

a) $78 = 12 - 11(x+5)$

b) $2x - 3(x-3) = 1 - x$

c) $7(x+4) = 7 - 8(3+x)$

d) $2(25x+2) = 16(3-x)$

e) $2(9x+2) - x = 4(4x+1) + x$

f) $10x + 4 = 1{,}9(x-3) + 7$

3

Löse die Ungleichungen und skizziere ihre Lösungsmengen auf der Zahlengeraden.

a) $14(2+3x) \leq 3(1+12x) + x$

b) $x - 3(3x-7) > 26x + 4$

c) $2(3-4x) \leq 3x - 11(x-1)$

d) $8(5x-7) < 10(3x+4) + 2x$

e) $28 - 17(1-x) \geq 12 - 2(4-5x)$

f) $x + 12(5x-6) > 5x + 7(8x-9) - 9$

II. Die binomischen Formeln und ihre Anwendungen

1. Multiplizieren von Klammern

In den ersten drei Kapiteln hast du gelernt, wie du Klammern auflösen kannst, wenn vor ihnen eine Zahl als Faktor steht, z. B. bei $4(c+d)$. Jetzt gehen wir einen Schritt weiter und wollen sehen, wie man einen Term wie $(a+b)(c+d)$ vereinfachen kann.

1

Den Term $(a+b)\,(c+d)$ kannst du möglicherweise noch nicht vereinfachen.

a) Vereinfache $t\,(c+d)$.

b) Ersetze in dem Ergebnis von a) die Variable t durch die Klammer $(a+b)$ und vereinfache.

c) Bestätige, dass insgesamt gilt: $(a+b)\;c+d) = ac+ad+bc+bd$.

2

Vereinfache ebenso. Ersetze zunächst eine der Klammern durch t.

a) $(a+b)(c-d)$ **b)** $(a-b)(c+d)$

c) $(p+q)(r+s)$ **d)** $(x-2)(y-z)$

Beim Vereinfachen des Produkts zweier Klammern kann man auf die Hilfe einer weiteren Variablen, wie oben t, verzichten.

$(a+b)(c+d)$
$=a(c+d)+b(c+d)$ Zweite Klammer festhalten, erste Klammer auflösen.
$=ac+ad+bc+bd$

Dabei wird deutlich: Jeder Summand der ersten Klammer wird mit jedem Summanden der zweiten Klammer multipliziert.

3

Vereinfache entsprechend. Beachte dabei die Vorzeichen.

a) $(a-b)(c-d)$ **b)** $(a+b)(c-d)$ **c)** $(a-b)(c+d)$

Beim Multiplizieren zweier Klammern wird jeder Summand der ersten Klammer mit jedem Summanden der zweiten Klammer malgenommen. Dabei sind die jeweiligen Vorzeichen zu berücksichtigen.

$$(a+b)(c+d)=ac+ad+bc+bd$$

$$(a-b)(c-d)=ac-ad-bc+bd$$

4

Vereinfache.

a) $(x+3)(y+2)$ **b)** $(e-f)(h-g)$ **c)** $(2a+b)(1-c)$

d) $(1+4a)(6b+2)$ **e)** $(p-5)(q+3)$ **f)** $(x-y)(x+4)$

g) $(8h-1)(5-2h)$ **h)** $(s+t)(s+2t)$ **i)** $(3a+4b)(5c+6d)$

5

Welche der folgenden Vereinfachungen sind falsch? Berichtige sie.

a) $(u+v)(w+x)=uv+uw+vw+wx$

b) $(2-a)(3+b)=6-2a-ab+3b$

c) $(x+1)(y-2)=xy-2x+y-2$

d) $(u+3)(2u-1)=2u^2+6u-3$

In den Klammern müssen nicht immer genau zwei Summanden stehen. Auch bei drei oder noch mehr Summanden gilt die Regel:

| Jeder Summand der ersten Klammer | · | jeder Summand der zweiten Klammer |

Beispiel:

$$(a+3b-5)(2b-a)$$

$$=a\cdot 2b-a\cdot a+3b\cdot 2b-3b\cdot a-5\cdot 2b+5\cdot a$$

$$=2ab-a^2+6b^2-3ab-10b+5a$$ Ordnen.

$$=5a-a^2-ab+6b^2-10b$$

6

Löse die Klammern auf und ordne.

a) $(a+b+c)(d+e)$

b) $(a-b)(c-d-e)$

c) $(4+x-3y)(2x-5)$

d) $(5r-6s+t)(4r-3t)$

e) $(x+y+z)(x-y+z)$

f) $(3a+b-2)(a-2b+7)$

g) $(r+s-t+2u)(s+3t)$

h) $(4a-9b)(0{,}5a+6b-3c+2)$

7

Vereinfache und ordne nach Potenzen von x.

a) $(x+2)(x^2-3x+4)$

b) $(x^2-1)(x-5+2x^2)$

c) $(x+6x^2-4)(x^3-x-1)$

d) $(x^3+x^2+x+1)(x-1)$

e) $(x^2-2x+1)(x^2+2x+1)$

f) $(3x-x^3)(5x^2+6x+9)$

Bei umfangreicheren Termen ist es mitunter nicht leicht, den Überblick zu bewahren. Beispielsweise solltest du immer kontrollieren, ob du auch alle Summanden im Heft notiert hast. Dazu ist es notwendig zu wissen, wie viele Summanden in deiner Rechnung vorkommen müssen.

8

a) Multipliziere im Term $(a+b)(c+d+e)$ jeden Summanden der ersten Klammer mit jedem Summanden der zweiten Klammer. Benutze Pfeile.

b) Wie viele Summanden erhältst du?

c) Wie viele Pfeile hast du gezeichnet?

9

Wie viele Summanden werden insgesamt entstehen, wenn

a) die erste Klammer 3 und die zweite Klammer 2,

b) die erste Klammer 2 und die zweite Klammer 4,

c) die erste Klammer 3 und die zweite Klammer 3

Summanden enthalten?

10

Wie viele Summanden entstehen beim Ausmultiplizieren von

a) $(2x+6)(4y-z)$

b) $(2x+3y+6)(4y-z)$

c) $(2x+6)(4y-z-5)$

d) $(2x+3y+6)(4y-z-5)$?

Berechne sie.

11

Überlege, wie viele Summanden auftreten, multipliziere dann aus und fasse so weit wie möglich zusammen.

a) $(3a+6b-7c+4)(a-5c)$

b) $(p-q+r)(p+q-r)$

c) $(a^3-3a^2+3a-1)(1+a)$

d) $(0{,}5x-3{,}1y)(6x+4-3y)$

e) $(17u-9v+21w)(5u+w)$

f) $(4x+5y-6z)(4x+5y+3z)$

g) $(a+b-c+d)(a-b+c)$

2. Rechnen mit den binomischen Formeln

Bei den binomischen Formeln handelt es sich um einen Sonderfall des Multiplizierens von Klammern. Das Wort Binom bedeutet so viel wie „zweigliedriger Ausdruck“, zum Beispiel $a+b$, $5x-6y$ oder x^2+1.

1

Multipliziere aus und fasse zusammen.

a) $(a+b)(a+b)$

b) $(x+y)(x+y)$

c) $(a+b)^2$

d) $(a-b)(a-b)$

e) $(x-y)(x-y)$

f) $(a-b)^2$

g) $(a-b)(a+b)$

h) $(x-y)(x+y)$

Die drei binomischen Formeln lauten:

I. $(a+b)^2=a^2+2ab+b^2$

II. $(a-b)^2=a^2-2ab+b^2$

III. $(a+b)(a-b)=a^2-b^2$

Herleitung und Beweis hast du bereits in Aufgabe 1 durchgeführt.

2

Berechne mit Hilfe der binomischen Formeln. Notiere jedes Mal, welche der Formeln du gerade benutzt hast.

a) $(y+z)^2$ **b)** $(u-v)^2$ **c)** $(s-t)^2$

d) $(c+d)(c-d)$ **e)** $(q+p)^2$ **f)** $(g-h)(g+h)$

g) $(a+2)^2$ **h)** $(b+3)(b-3)$ **i)** $(5-z)^2$

Auch hier kannst du die binomischen Formeln anwenden:

$$(7x-5y)^2=(7x)^2-2(7x)(5y)+(5y)^2=49x^2-70xy+25y^2$$

Zum Vergleich: $(a-b)^2= a^2 -2 a b +b^2$

3

Wie groß ist in diesem Falle a bzw. b?

4

Berechne.

a) $(3a+5b)^2$ **b)** $(9x+11)(9x-11)$ **c)** $(6y-z)^2$

d) $(15-4s)(15+4s)$ **e)** $(2{,}5u-4v)^2$ **f)** $(10c+13d)^2$

g) $\left(k-\frac{2}{3}\right)^2$ **h)** $\left(\frac{1}{2}a+\frac{1}{2}b\right)^2$ **i)** $(2x+3y)(2x-3y)$

5

In welchen der Rechnungen stecken Fehler? Berichtige sie.

a) $(8x+5y)^2=64x^2+40xy+25y^2$

b) $(2a-9b)^2=4a^2-36ab-81b^2$

c) $(17+3g)(3g-17)=9g^2-189$

d) $(12s+7t)(12s-7t)=144s^2+49t^2$

e) $(x+0{,}5y)^2=x^2+xy+0{,}25y^2$

Manche Rechenaufgaben lassen sich sehr einfach lösen, wenn man die binomischen Formeln anwendet.

6

a) Berechne – möglichst im Kopf! – $87 \cdot 93$.

b) Berechne $(90-3)(90+3)$.

c) Nach welcher binomischen Formel kann man $87 \cdot 93$ leicht berechnen?

7

Berechne ebenso.

a) $58 \cdot 62$ **b)** $71 \cdot 69$ **c)** $25 \cdot 35$ **d)** $104 \cdot 96$

Auch große Quadratzahlen kann man so im Kopf ausrechnen:

$$\begin{aligned} 48^2 &= (50-2)^2 \\ &= 50^2 - 2 \cdot 50 \cdot 2 + 2^2 \\ &= 2500 - 200 + 4 \\ &= 2304 \end{aligned}$$

8

Berechne im Kopf.

a) 31^2 **b)** 57^2 **c)** 85^2 **d)** 42^2

9

Benutze die geeignete binomische Formel und berechne im Kopf.

a) $27 \cdot 33$ **b)** 52^2 **c)** 78^2 **d)** $101 \cdot 99$

e) 36^2 **f)** $64 \cdot 56$ **g)** 65^2 **h)** $82 \cdot 78$

10

Vereinfache die Terme. Achte dabei auch auf Minusklammern.

a) $(a+b)^2-(a-b)^2$ **b)** $(2x-3y)^2+(4y-3x)^2$

c) $(x+4z)(x-4z)+(x-2z)^2$ **d)** $p^2-(p-q)^2+q^2$

e) $(6u+3v)^2-(12u-5v)(12u+5v)$ **f)** $(8a-9b)^2-(5b+7a)^2$

Eine wichtige Anwendung der binomischen Formeln ist das Faktorisieren. Hierbei kommt es darauf an, eine Summe oder Differenz durch geschicktes Umformen in ein Produkt zu verwandeln.

Beispiel:

1. $3a^2+6ab+3b^2$
$=3(a^2+2ab+b^2)$ Ausklammern
$=3(a+b)^2$ I. binomische Formel

2. xy^2-xz^2
$=x(y^2-z^2)$ Ausklammern
$=x(y+z)(y-z)$ III. binomische Formel

11

Faktorisiere die Terme.

a) $17x^2+34xy+17y^2$ **b)** $4p^2-8pq+4q^2$

c) $ab^2-2abc+ac^2$ **d)** $5uv^2-5uw^2$

e) $x^2y-2xyz+yz^2$ **f)** $2h^2+4hg+2g^2$

g) $9s^2-9t^2$ **h)** $6xy^2+12x^2y+6x^3$

12

Ordne und faktorisiere.

a) $14ab+7b^2+7a^2$ **b)** $5xy^2+5xz^2-10xyz$

c) $49-9p^2$ **d)** $16u^2-8uv+v^2$

e) $26k^2-26$ **f)** $2abc+a^2b+bc^2$

13

Faktorisiere, falls es möglich ist.

a) x^2+y^2 **b)** $\frac{1}{4}a^2-ab+b^2$

c) $4u^2+4v^2-8uv$ **d)** $4u^2+v^2+4uv$

e) $4u^2-4v^2+8uv$ **f)** $36z^2-1$

g) $\frac{1}{2}x^2+xy+\frac{1}{2}y^2$ **h)** $9p^2+9pq+9q^2$

Nicht nur Terme $(a+b)^2$ mit zwei Summanden lassen sich mit Hilfe der binomischen Formeln leicht ausmultiplizieren, sondern auch Terme mit drei oder mehr Summanden.

Beispiel:

$(x+y+z)^2$	Setze $x+y=u$:
$=((x+y)+z)^2$	$(u+z)^2$
$=(x+y)^2+2(x+y)z+z^2$	$=u^2+2uz+z^2$
$=x^2+2xy+y^2+2xz+2yz+z^2$	

14

Berechne wie im Beispiel.

a) $(x+y-z)^2$ **b)** $(x-y-z)^2$ **c)** $(a+b-3)^2$

d) $(2a-5+x)^2$ **e)** $(a+b-c+d)^2$ **f)** $(x+1-y)^2$

g) $(x+y-z)(x+y+z)$ **h)** $(2p-q-3r)(2p-q+3r)$

i) $(u-v+1)(u+v-1)$ **j)** $(x-2y+3z-4)^2$

15

Auch Terme wie $(x+y)^3$ können wir berechnen:

a) Berechne $(x+y)^2$.

b) Multipliziere das Ergebnis mit $(x+y)$.

16

Berechne entsprechend.

a) $(a-b)^3$ **b)** $(z+1)^3$

c) $(p+2q)^3$ **d)** $(2x+3y)^3$

17

a) Berechne $(a+b)^4$. Teile den Term so auf, dass du günstig rechnen kannst.

b) Berechne entsprechend $(x-y)^4$ und $(u+2v)^4$.

Am Ende dieses Kapitels wollen wir noch einmal zum Anfang zurückkehren. Man kann die binomischen Formeln nämlich auch geometrisch herleiten.

18

a) Welche Seitenlänge hat das abgebildete Quadrat?

b) Wie groß ist also sein Flächeninhalt?

c) Das große Quadrat ist in vier Teilflächen unterteilt. Bestätige, dass der Flächeninhalt des oberen linken Quadrats gleich a^2 ist. Trage die Flächeninhalte der übrigen Teilflächen ein.

d) Der Flächeninhalt des großen Quadrats ist so groß wie die Summe der Teilflächen. Notiere die entsprechende Gleichung. Welche binomische Formel ergibt sich?

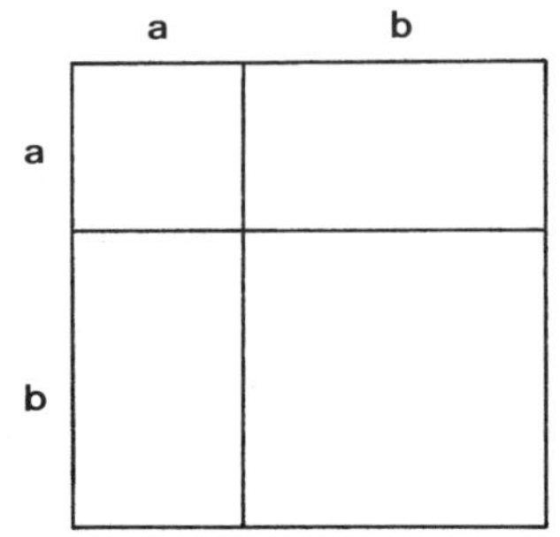

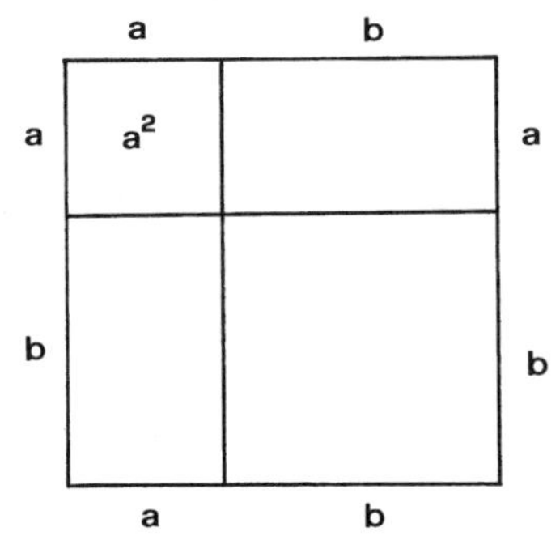

19

a) Vervollständige die Beschriftung der Figur.

b) Wie groß ist der Flächeninhalt der schraffierten Fläche?

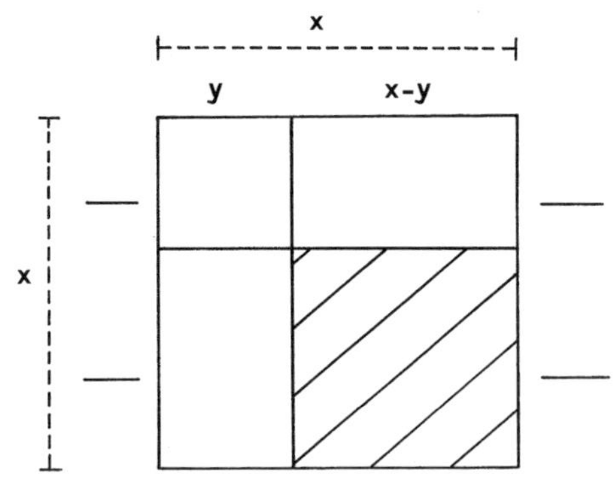

c) Bestätige, dass sich dieselbe Fläche auch so ergibt:

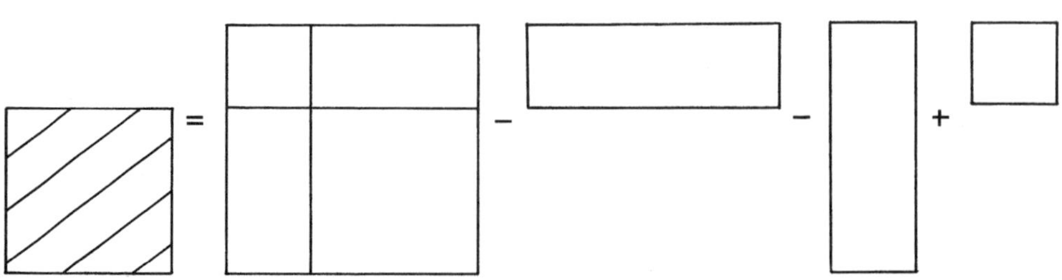

d) $(x-y)^2 =$ ________ $-$ ________ $-$ ________ $+$ ________

Trage die Flächeninhalte ein. Welche binomische Formel ergibt sich?

20

a) Wie groß ist der Flächeninhalt des schraffierten Rechtecks?

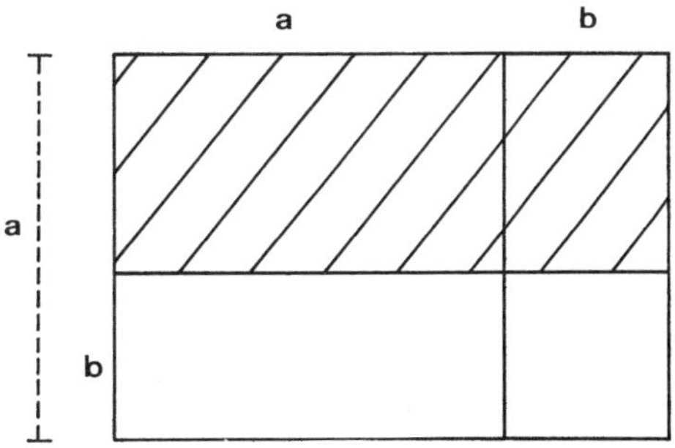

b) Wie groß ist der Flächeninhalt der schraffierten Fläche?

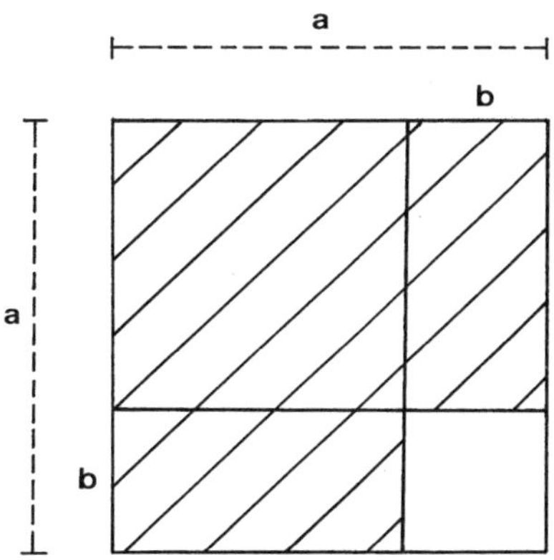

c) Bestätige, dass man die Fläche aus b) auch so erhalten kann:

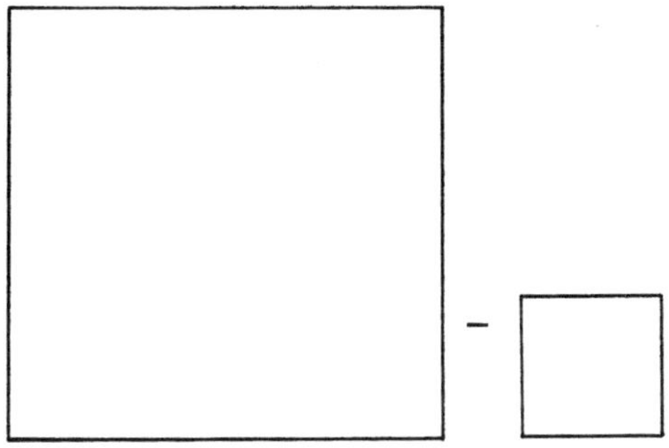

Notiere die zugehörige binomische Formel.

1

Löse die Klammern auf und ordne.

a) $(3x+4y)(x-y+2z)$

b) $(a^2+6a+9)(a-3)$

c) $(0{,}5d-6e)(12-4d)$

d) $(a+b-c)(a+b-1)$

2

Notiere die drei binomischen Formeln. Benutze als Variablen s und t.

3

Berechne im Kopf.

a) $49 \cdot 51$

b) $83 \cdot 77$

c) 62^2

d) 99^2

4

Vereinfache die Terme.

a) $(3x+6)^2+(4-9x)^2$

b) $(u+v)(u-v)-(u+v)^2$

c) $(1+x-2y)^2$

d) $(p+q+r)(p+q-r)$

5

Faktorisiere, falls es möglich ist.

a) $5x^2+20x+20$

b) $5x^2+20x-20$

c) $5x^2-20$

d) $5x^2-20xy+20y^2$

e) $0{,}5a^2-2ab+2b^2$

f) $4s^2+9t^2$

3. Bruchterme

Bruchterme erkennt man daran, dass auch im Nenner eines Bruches eine oder mehrere Variablen stehen können, z. B.

$\frac{1}{x}$, $\frac{a}{b}$ oder $\frac{5x-6}{y+z}$.

Dagegen ist der Bruch $\frac{a}{2}$ kein Bruchterm, da man ja auch schreiben kann:

$\frac{a}{2} = \frac{1}{2}a = 0{,}5a$.

Als besonderes Problem kommt beim Rechnen mit Bruchtermen noch hinzu, dass man sich Gedanken darüber machen muss, für welche Werte der Variablen der Nenner gleich Null werden kann. Solche Werte sind auszuschließen, da man durch Null bekanntlich nicht dividieren darf.
Im Folgenden werden wir in diesem Kapitel nicht weiter auf die Möglichkeit, dass der Nenner gleich Null werden kann, eingehen. Die Untersuchung der Definitionsmenge wird allerdings im Kapitel über Bruchgleichungen und -ungleichungen durchgeführt.

1

Entscheide, welche der folgenden Terme Bruchterme sind.

a) $\frac{17}{ab}$, $\frac{17}{a+b}$, $\frac{a+b}{17}$, $\frac{ab}{17}$, $\frac{a+b}{17a}$, $\frac{a}{2}+\frac{2}{a}$

b) $\frac{x^2+3x}{x}$, $\frac{x^2-3x}{3}$, $\frac{x^2+3x}{3x}$, $\frac{3x}{x^2-3x}$, $\frac{3}{x^2+3x}$

2

Gegeben seien die Terme $2u+1$, $u+v$ und $4v$.

a) Setze aus jeweils genau zwei der Terme einen Bruchterm zusammen, z. B. $\frac{2u+1}{u+v}$.

b) Wie viele verschiedene Bruchterme kannst du so herstellen?

Für das Rechnen mit Bruchtermen gelten dieselben Rechengesetze wie für das Rechnen mit Brüchen. Wir wollen deshalb hier ein wenig Bruchrechnung wiederholen. Falls du mit Brüchen sicher rechnen kannst, darfst du die jeweiligen Wiederholungsaufgaben ruhig überspringen.

Erweitern und kürzen

Erweitern: $\frac{4}{7} = \frac{4 \cdot 3}{7 \cdot 3} = \frac{12}{21}$ Zähler und Nenner werden mit derselben Zahl malgenommen.

Kürzen: $\frac{18}{30} = \frac{18:6}{30:6} = \frac{3}{5}$ Zähler und Nenner werden durch dieselbe Zahl geteilt.

3

Erweitere.

a) $\frac{4}{5}$ mit 3, 5, 8, 12 und 20

b) $\frac{1}{12}$ mit 2, 4, 7, 9 und 15

c) $\frac{2}{3}$ mit 6, 7, 11, 13 und 16

d) $\frac{7}{9}$ mit 3, 4, 5, 8 und 14

4

Erweitere nacheinander mit 2, 3, 5 und 8.

$\frac{2}{5}, \frac{4}{11}, \frac{3}{7}, \frac{20}{3}, \frac{5}{4}, \frac{12}{13}, \frac{7}{10}$

5

a) Erweitere so, dass der Nenner gleich 60 wird.

$\frac{1}{2}, \frac{4}{15}, \frac{8}{3}, \frac{7}{10}, \frac{13}{12}, \frac{3}{5}, \frac{9}{20}, \frac{17}{30}, \frac{3}{4}, \frac{11}{6}$

b) Erweitere auf den Nenner 144.

$\frac{5}{12}, \frac{7}{2}, \frac{4}{9}, \frac{15}{16}, \frac{1}{3}, \frac{25}{72}, \frac{11}{24}, \frac{5}{6}, \frac{3}{8}, \frac{13}{36}, \frac{3}{4}, \frac{23}{48}, \frac{7}{18}$

6

Erweitere so, dass die Brüche jeweils denselben Nenner erhalten.

a) $\frac{1}{2}$ und $\frac{2}{3}$

b) $\frac{3}{4}$ und $\frac{7}{5}$

c) $\frac{6}{11}$ und $\frac{4}{7}$

d) $\frac{2}{15}$ und $\frac{2}{3}$

e) $\frac{10}{3}$ und $\frac{8}{9}$

f) $\frac{4}{21}$ und $\frac{5}{14}$

g) $\frac{1}{8}$ und $\frac{7}{12}$

h) $\frac{9}{20}$ und $\frac{5}{16}$

7

Kürze die Brüche durch die angegebene Zahl.

a) $\frac{15}{25}$, 5 **b)** $\frac{28}{40}$, 4 **c)** $\frac{36}{42}$, 6 **d)** $\frac{14}{30}$, 2 **e)** $\frac{14}{35}$, 7

f) $\frac{24}{84}$, 12 **g)** $\frac{33}{51}$, 3 **h)** $\frac{8}{24}$, 8 **i)** $\frac{75}{125}$, 25 **j)** $\frac{52}{91}$, 13

8

Kürze so weit wie möglich.

a) $\frac{18}{30}$ **b)** $\frac{60}{95}$ **c)** $\frac{49}{63}$ **d)** $\frac{55}{121}$ **e)** $\frac{6}{54}$ **f)** $\frac{32}{64}$

g) $\frac{66}{100}$ **h)** $\frac{17}{34}$ **i)** $\frac{130}{78}$ **j)** $\frac{63}{81}$ **k)** $\frac{68}{70}$ **l)** $\frac{31}{93}$

9

Kürze, falls es möglich ist.

a) $\frac{56}{80}$ **b)** $\frac{25}{100}$ **c)** $\frac{33}{39}$ **d)** $\frac{51}{64}$ **e)** $\frac{12}{29}$ **f)** $\frac{63}{99}$

g) $\frac{42}{63}$ **h)** $\frac{13}{21}$ **i)** $\frac{61}{75}$ **j)** $\frac{15}{57}$ **k)** $\frac{8}{36}$ **l)** $\frac{65}{39}$

Brüche, bei denen der Zähler größer als der Nenner ist, wandelt man in gemischte Bruchzahlen um, z. B.

$$\frac{10}{3} = \frac{9+1}{3} = \frac{9}{3} + \frac{1}{3} = 3 + \frac{1}{3} = 3\,\frac{1}{3}$$

Umgekehrt kann man schreiben:

$$2\,\frac{1}{2} = 2 + \frac{1}{2} = \frac{4}{2} + \frac{1}{2} = \frac{4+1}{2} = \frac{5}{2}$$

10

Wandle um.

a) $\frac{20}{7}$, $\frac{15}{4}$, $\frac{31}{12}$, $\frac{17}{5}$, $\frac{9}{2}$, $\frac{23}{10}$, $\frac{45}{8}$, $\frac{36}{11}$

b) $6\,\frac{1}{3}$, $4\,\frac{2}{5}$, $1\,\frac{1}{2}$, $5\,\frac{1}{10}$, $4\,\frac{7}{8}$, $9\,\frac{2}{3}$, $10\,\frac{2}{7}$, $5\,\frac{5}{6}$

Addition und Subtraktion

Brüche, deren Nenner gleich sind, z. B. $\frac{3}{5}$ und $\frac{4}{5}$ oder $\frac{11}{14}$ und $\frac{8}{14}$, nennt man gleichnamig. Den kleinsten gemeinsamen Nenner bezeichnen wir auch als den Hauptnenner.

Bei manchen Brüchen kann man den Hauptnenner leicht angeben,
z. B. bei $\frac{1}{4}$ und $\frac{3}{8}$ (Hauptnenner 8),

bei anderen muss man ihn erst berechnen,

z. B. bei $\frac{5}{6}$ und $\frac{2}{9}$ (Hauptnenner 18).

11

Gib jeweils den Hauptnenner an.

a) $\frac{1}{3}$ und $\frac{5}{8}$ **b)** $\frac{2}{5}$ und $\frac{3}{10}$ **c)** $\frac{1}{2}$ und $\frac{2}{7}$

d) $\frac{4}{9}$ und $\frac{5}{12}$ **e)** $\frac{5}{16}$ und $\frac{7}{24}$ **f)** $\frac{3}{4}$ und $\frac{1}{15}$

g) $\frac{1}{2}$, $\frac{1}{3}$ und $\frac{1}{4}$ **h)** $\frac{9}{20}$, $\frac{3}{4}$ und $\frac{7}{10}$

12

Erweitere die Brüche so, dass sie gleichnamig werden. Suche dabei zunächst den Hauptnenner.

a) $\frac{7}{10}$ und $\frac{3}{5}$ **b)** $\frac{12}{20}$ und $\frac{3}{4}$ **c)** $\frac{5}{16}$ und $\frac{1}{2}$

d) $\frac{25}{36}$ und $\frac{5}{8}$ **e)** $\frac{11}{7}$ und $\frac{3}{8}$ **f)** $\frac{9}{16}$ und $\frac{5}{12}$

Addition und Subtraktion:

Gleichnamige Brüche werden addiert (subtrahiert), indem man die Zähler addiert (subtrahiert) und den Nenner beibehält.

Beispiel: $\frac{3}{7} + \frac{2}{7} = \frac{3+2}{7} = \frac{5}{7}$ $\frac{8}{11} - \frac{6}{11} = \frac{8-6}{11} = \frac{2}{11}$

Achte am Ende der Rechnung darauf, ob du den Bruch noch in eine gemischte Bruchzahl umwandeln oder kürzen kannst.

Beispiel: $\frac{7}{10} + \frac{5}{10} = \frac{12}{10} = \frac{6}{5} = 1\,\frac{1}{5}$ $\frac{7}{8} - \frac{1}{8} = \frac{7-1}{8} = \frac{6}{8} = \frac{3}{4}$

13

Berechne.

a) $\frac{6}{7} + \frac{4}{7}$ **b)** $\frac{9}{14} + \frac{3}{14}$ **c)** $\frac{5}{6} + \frac{1}{6}$ **d)** $\frac{8}{10} + \frac{6}{10}$

e) $\frac{11}{15} - \frac{4}{15}$ **f)** $\frac{21}{16} - \frac{9}{16}$ **g)** $\frac{7}{9} - \frac{4}{9}$ **h)** $\frac{13}{25} - \frac{8}{25}$

i) $\frac{3}{8} + \frac{6}{8} + \frac{1}{8}$ **j)** $\frac{18}{5} - \frac{2}{5} - \frac{6}{5}$ **k)** $\frac{27}{12} + \frac{8}{12} - \frac{15}{12}$

Ungleichnamige Brüche muss man zunächst gleichnamig machen, bevor man sie addieren (subtrahieren) kann.

Beispiel: $\frac{1}{2} + \frac{4}{5} = \frac{5}{10} + \frac{8}{10} = \frac{13}{10} = 1\,\frac{3}{10}$

14

Verwandle in gleichnamige Brüche und berechne dann:

a) $\frac{1}{2} + \frac{1}{3}$ **b)** $\frac{5}{8} + \frac{3}{4}$ **c)** $\frac{7}{9} + \frac{1}{12}$ **d)** $\frac{4}{15} + \frac{2}{3}$

e) $\frac{5}{6} - \frac{1}{4}$ **f)** $\frac{7}{12} - \frac{1}{2}$ **g)** $\frac{8}{9} - \frac{3}{5}$ **h)** $\frac{13}{20} - \frac{4}{10}$

15

Berechne.

a) $1\,\frac{1}{2} + \frac{3}{4}$ **b)** $2\,\frac{2}{3} + 5\,\frac{5}{6}$ **c)** $4\,\frac{3}{7} - 1\,\frac{1}{3}$ **d)** $6\,\frac{3}{8} - 2\,\frac{1}{2}$

e) $5\,\frac{1}{12} + 3\,\frac{1}{4}$ **f)** $7\,\frac{2}{5} - 6\,\frac{3}{10}$ **g)** $\frac{5}{6} + 1\,\frac{1}{4}$ **h)** $2\,\frac{3}{11} - 1\,\frac{3}{5}$

Multiplikation und Division

Beim Multiplizieren und Dividieren von Brüchen braucht man nicht darauf zu achten, ob die Brüche gleichnamig sind. Es gilt einfach:

Multiplikation:

$\frac{\text{Zähler mal Zähler}}{\text{Nenner mal Nenner}}$ **Beispiel:** $\frac{5}{9} \cdot \frac{6}{25} = \frac{{}^{1}\cancel{5} \cdot \cancel{6}^{2}}{{}_{3}\cancel{9} \cdot \cancel{25}_{5}} = \frac{2}{15}$

Division: 1. Bruch mal Kehrwert des 2. Bruches,

also $\frac{\text{Zähler}_1 \cdot \text{Nenner}_2}{\text{Nenner}_1 \cdot \text{Zähler}_2}$ **Beispiel:** $\frac{3}{4} : \frac{1}{2} = \frac{3 \cdot \cancel{2}^{1}}{{}_{2}\cancel{4} \cdot 1} = \frac{3}{2} = 1\,\frac{1}{2}$

Achte auch hier auf das Kürzen und Umwandeln in eine gemischte Bruchzahl.

16

a) Bilde den Kehrwert.

$\frac{3}{4}$, $\frac{2}{5}$, $\frac{17}{10}$, $\frac{9}{4}$, $\frac{1}{3}$, $\frac{2}{11}$, 3, $\frac{15}{8}$

b) Verwandle in einen reinen Bruch und bilde dann den Kehrwert.

$1\,\frac{1}{2}$, $2\,\frac{3}{4}$, $4\,\frac{1}{5}$, $6\,\frac{2}{9}$, $10\,\frac{1}{4}$, $5\,\frac{2}{7}$

17

Berechne.

a) $\frac{6}{7} \cdot \frac{14}{15}$ **b)** $\frac{1}{2} \cdot \frac{2}{3}$ **c)** $\frac{4}{5} \cdot \frac{2}{3}$ **d)** $\frac{9}{16} \cdot \frac{20}{21}$

e) $\frac{5}{9} : \frac{5}{6}$ **f)** $\frac{8}{15} : \frac{12}{25}$ **g)** $\frac{3}{8} : \frac{4}{9}$ **h)** $\frac{1}{2} : \frac{1}{4}$

18

Gemischte Bruchzahlen musst du zunächst in reine Brüche umwandeln, bevor du multiplizieren oder dividieren kannst. Berechne dann:

a) $2\,\frac{2}{3} \cdot 4\,\frac{1}{2}$ **b)** $3\,\frac{4}{5} \cdot \frac{15}{38}$ **c)** $\frac{7}{12} \cdot 2\,\frac{2}{5}$ **d)** $7\,\frac{1}{3} \cdot 1\,\frac{4}{11}$

e) $1\,\frac{1}{2} : 2\,\frac{1}{4}$ **f)** $4\,\frac{5}{7} : \frac{11}{14}$ **g)** $3\,\frac{3}{5} : 2\,\frac{7}{10}$ **h)** $\frac{13}{30} : 5\,\frac{7}{9}$

19

Berechne.

a) $\frac{2}{3}\cdot\frac{1}{4}+\frac{1}{2}\cdot\frac{1}{6}$
b) $\frac{2}{5}\left(1\frac{1}{2}-\frac{3}{4}\right)$
c) $\frac{3}{7}:\frac{9}{14}-\frac{1}{6}$
d) $\left(4\frac{1}{5}-3\frac{3}{10}\right):1\frac{4}{5}$
e) $\frac{1}{2}\cdot\frac{1}{3}-\frac{1}{6}:\frac{1}{5}$
f) $2\frac{2}{3}\left(\frac{3}{8}+1\frac{5}{16}\right)$

Nachdem du das Rechnen mit Brüchen aufgefrischt und geübt hast, wollen wir nun zu den Bruchtermen übergehen.

Erweitern und Kürzen von Bruchtermen

Erweitern: Zähler und Nenner werden mit demselben Term malgenommen.

Kürzen: Zähler und Nenner werden durch denselben Term geteilt.

In beiden Fällen darf der Term nicht gleich Null sein!

20

Erweitere den Bruchterm $\frac{1}{a}$ nacheinander mit 2, a, b, (a+b) und (2a−b).

21

Fülle die Tabelle aus. Erweitere jeweils den links stehenden Term mit allen Zahlen oder Termen, die oben stehen.

	3	x	$x-y$	$2x^2$	$4x+y^2$
$\frac{x}{y}$					
$\frac{2}{x+1}$					
$\frac{3x-2}{y}$					
$\frac{x+3}{y-2}$					
$\frac{1}{1+x^2}$					

22

Erweitere so, dass die beiden Bruchterme denselben Nenner haben. Überlege zunächst, welches der Hauptnenner ist.

a) $\frac{1}{a}, \frac{a}{b}$ **b)** $\frac{2}{x}, \frac{1}{x^2}$ **c)** $\frac{x+1}{x}, \frac{x^2}{y}$

d) $\frac{1}{a+b}, \frac{2b}{a}$ **e)** $\frac{p}{2q}, \frac{q}{2-p}$ **f)** $\frac{3a}{a+b}, \frac{3b}{a-b}$

23

Kürze die Bruchterme.

a) $\frac{2x}{x^2}$ **b)** $\frac{3ab}{abc}$ **c)** $\frac{z^2}{4z}$ **d)** $\frac{a}{a^3}$ **e)** $\frac{8xy}{6yz}$

24

a) Kann man den Term $\frac{2ab}{a^2+ab}$ kürzen?

b) Bestätige, dass man den Term aus a) auch so schreiben kann: $\frac{2ab}{a(a+b)}$.
Kürze nun.

25

a) Wurde hier richtig gekürzt: $\frac{a^2}{a^2-b^2} = \frac{1}{1-b^2}$?

b) Du kannst eine Probe machen, indem du die Variablen mit Zahlen belegst. Setze z. B. für a die Zahl 3 und für b die Zahl 2 ein. Was stellst du fest?

26

Klammere aus und kürze dann.

a) $\frac{2ab}{2a-2b}$ **b)** $\frac{x^2+2x}{3xy}$ **c)** $\frac{4a-6ab}{10a^2}$ **d)** $\frac{3x+6}{xy+2y}$

Stehen in Zähler oder Nenner eines Bruchterms Differenzen oder Summen, so kann man erst kürzen, nachdem man sie in ein Produkt verwandelt hat.
Dazu muss man faktorisieren, und zwar durch Ausklammern oder mit Hilfe der binomischen Formeln.

27

a) Versuche, den Term $\frac{a^2-b^2}{a^2+ab}$ zu kürzen. Kannst du dazu Zähler und Nenner durch Ausklammern in Produkte verwandeln?

b) Der Zählerterm müsste dir eigentlich bekannt vorkommen. Er kommt nämlich in einer der drei binomischen Formeln vor. Schreibe ihn als Produkt.

c) Kürze jetzt den Term aus a).

28

Gehe entsprechend bei dem Term $\frac{2x+2y}{x^2+2xy+y^2}$ vor. Finde die geeignete binomische Formel, mit der du den Nenner faktorisieren kannst.

29

Verwandele Zähler und Nenner in Produkte und kürze dann.

a) $\frac{ab-a}{b^2-b}$ **b)** $\frac{3x-3y}{x^2-2xy+y^2}$ **c)** $\frac{s^2-t^2}{s^2+2st+t^2}$

d) $\frac{x^2-4x+4}{4x-8}$ **e)** $\frac{x^2-1}{x^2-x}$ **f)** $\frac{6x+3}{4x^2-1}$

30

Überprüfe, ob richtig gekürzt wurde. Berichtige die Fehler.
Denke daran, dass du die Probe auch durch Belegen der Variablen mit Zahlen durchführen kannst.

a) $\frac{x+x^2}{xy+x}=\frac{1+x}{y+1}$ **b)** $\frac{a^2-b^2}{a^2+2ab+b^2}=\frac{-1}{2ab}$ **c)** $\frac{3x-9}{x^2-6x+9}=\frac{3}{x+3}$

d) $\frac{x^2-10x+25}{5x^2-25x}=\frac{x-5}{5x}$ **e)** $\frac{s^2+s}{s^2+st}=\frac{1}{t}$

Bei der Addition oder Subtraktion von Bruchtermen gehen wir genauso vor wie bei gewöhnlichen Brüchen.

Beispiel: $\frac{5x-3}{2x}-\frac{4x}{x-1}$ Hauptnenner ist $2x(x-1)$

$=\frac{(5x-3)(x-1)}{2x(x-1)}-\frac{4x\cdot 2x}{2x(x-1)}$ Erweitern auf den Hauptnenner

$=\frac{5x^2-3x-5x+3-8x^2}{2x(x-1)}$ Zähler subtrahieren, Klammern auflösen, Nenner beibehalten

$=\frac{-3x^2-8x+3}{2x(x-1)}$ Zähler vereinfachen

Am Ende solltest du immer noch einmal prüfen, ob du kürzen kannst.

31

Suche den Hauptnenner.

a) $\frac{a}{b} + \frac{1}{ab}$ b) $\frac{2x}{y} - \frac{3}{x}$ c) $\frac{2}{x+1} + \frac{1}{x}$

d) $\frac{1}{2a} - \frac{3ab}{5a^2}$ e) $\frac{t-1}{t} - \frac{s}{s+2}$ f) $\frac{x}{x+y} + \frac{y}{x-y}$

32

Berechne die Aufgaben von 31 wie im Beispiel.

33

Hier ist der Hauptnenner nicht immer so leicht zu finden. Notiere ihn.

a) $\frac{1}{a} + \frac{1}{b} - \frac{1}{c}$ b) $\frac{x}{x+1} - \frac{3}{x} + \frac{3x+1}{x(x+1)}$

c) $\frac{4a-b}{a^2-b^2} + \frac{5}{a+b}$ d) $\frac{p-1}{p+3} - \frac{q+1}{2q}$

e) $\frac{s^2-3s}{s^2+2s+1} + \frac{s-1}{s+1}$ f) $\frac{b}{a} + \frac{1}{a+b} - \frac{a}{b}$

Rechne nun weiter wie im Beispiel.

34

Berechne und vereinfache möglichst weit.

a) $\frac{1}{a-b} - \frac{1}{a+b} + \frac{2ab}{a^2-b^2}$ b) $\frac{x+1}{y} + 2 - \frac{x+y}{x}$

c) $\frac{z}{z-3} - \frac{z+3}{z}$ d) $\frac{a}{b} + \frac{b}{c} - \frac{c}{a}$

e) $\frac{x^2-y^2}{x^2-2xy+y^2} + \frac{x-y}{x+y}$ f) $\frac{p}{2p+2q} - \frac{3p}{p+q} + \frac{1}{2}$

35

Suche zunächst den Hauptnenner und berechne dann.

a) $\frac{4x-3x^2}{x^2+x} - \frac{2x+3}{x+1}$ b) $\frac{3a+b}{ab-a^2} + \frac{2a-5b}{b^2-ab}$

c) $\frac{2s+1}{2s} - \frac{6-4s}{s^2-3s}$ d) $\frac{1}{y} - \frac{x-y}{x+y} + \frac{1}{x}$

e) $\frac{c+a}{2a} - \frac{ab}{6c} + \frac{4bc-3ab}{3bc}$ f) $\frac{2ab-3b^2}{a^2-b^2} + \frac{2b+a}{a-b} + \frac{a-4b}{a+b}$

Beim Multiplizieren und Dividieren von Bruchtermen ist es wichtig, dass man erkennt, ob man kürzen kann. Dazu solltest du zunächst die Terme als Faktoren stehen lassen und erst später ausmultiplizieren, wenn du so weit wie möglich gekürzt hast.

Beispiel:

$\frac{a-b}{3ab} \cdot \frac{9a^2}{ab-b^2}$ Zähler mal Zähler / Nenner mal Nenner

$= \frac{(a-b) \cdot 9a^2}{3ab \cdot (ab-b^2)}$ Kürzen durch 3a

$= \frac{(a-b) \cdot 3a}{b \cdot (ab-b^2)}$ Nicht ausmultiplizieren, da man im Nenner ein weiteres b ausklammern kann.

$= \frac{(a-b) \cdot 3a}{b \cdot b \cdot (a-b)}$ Kürzen durch (a − b)

$= \frac{3a}{b^2}$

36

Multipliziere. Achte darauf, ob du kürzen kannst.

a) $\frac{3a}{4c} \cdot \frac{2c}{9a^2}$ **b)** $\frac{6xy^2}{7z} \cdot \frac{9z^2}{8x^2y}$ **c)** $\frac{p}{q} \cdot \frac{25q}{17p}$

d) $\frac{1}{xyz} \cdot \frac{x^2}{y^2z^2}$ **e)** $\frac{a^2b}{a+b} \cdot \frac{a+b}{ab^2}$ **f)** $\frac{uv}{27w} \cdot \frac{15uw}{v^2}$

37

Multipliziere und kürze so weit wie möglich.

a) $\frac{5xy^2}{x+1} \cdot \frac{2x+2}{15xy}$ **b)** $\frac{a^2-b^2}{6b} \cdot \frac{9ab+12b}{a-b}$

c) $\frac{1-z^2}{4z} \cdot \frac{1}{1+z}$ **d)** $\frac{s^2-st}{s^2+2st+t^2} \cdot \frac{s+t}{s-t}$

e) $\frac{(a+b)^2}{(a-b)^2} \cdot \frac{ab}{a^2-b^2}$ **f)** $\frac{2xy}{x+2} \cdot \frac{3x+6}{x-2}$

38

Dividiere. Kürze, falls es möglich ist.

a) $\frac{12xy}{xy-x^2} : \frac{16x^2}{y^2-xy}$ **b)** $\frac{a+b}{a-b} : \frac{a^2+ab}{ab-b^2}$

c) $\frac{x-x^2}{5z} : \frac{6x}{25}$ **d)** $\frac{(r-s)^2}{81s^2} : \frac{3r-3s}{36r}$

e) $\frac{1}{2p+q} : \frac{3pq}{2pq+q^2}$ **f)** $\frac{2ab}{a^2-b^2} : \frac{a^2+b^2}{a+b}$

Einen Bruch wie $\frac{\frac{a}{b+c}}{\frac{d}{e+f}}$ nennt man einen Doppelbruch. Dabei besteht der Zähler oder der Nenner selbst aus einem Bruch, hier $\frac{a}{b+c}$ bzw. $\frac{d}{e+f}$.

Doppelbrüche kann man auch als Divisionsaufgabe schreiben und dann auflösen.

Beispiel: $\frac{\frac{a}{b+c}}{\frac{d}{e+f}}$

$= \frac{a}{b+c} : \frac{d}{e+f}$ Division

$= \frac{a \cdot (e+f)}{(b+c) \cdot d}$ Mit dem Kehrwert malnehmen

$= \frac{ae+af}{bd+cd}$ Vereinfachen

39

Mache aus dem Doppelbruch eine Divisionsaufgabe und berechne dann.

a) $\frac{\frac{a+b}{4ab}}{\frac{a-b}{6a^2}}$ **b)** $\frac{\frac{3x}{x-5}}{\frac{x^2}{2x-10}}$ **c)** $\frac{\frac{r-s}{r+s}}{\frac{r^2-s^2}{r^2+s^2}}$

d) $\frac{\frac{x+1}{12xy}}{\frac{1}{9x^2}}$ **e)** $\frac{\frac{3u}{u+3}}{\frac{3}{u^2+3u}}$ **f)** $\frac{\frac{1}{a^2-b^2}}{\frac{a+b}{a-b}}$

40

Vereinfache möglichst weit. Das Ergebnis soll immer ein Bruchterm sein, der möglichst weit gekürzt ist.

a) $\left(\frac{a}{b} + \frac{b}{c}\right) \cdot \frac{c}{a}$ **b)** $\left(\frac{x}{y} - \frac{x}{z}\right) : x$

c) $\frac{1}{4z}\left(\frac{8}{z+1} - \frac{4}{z}\right)$ **d)** $\left(\frac{a}{a-b} + \frac{a}{a+b}\right) \cdot (a+b)$

e) $\frac{x}{y} \cdot \frac{3}{xy} - \frac{1}{2x} \cdot \frac{x}{y^2}$ **f)** $\frac{2ab}{a-b} + \frac{3a^2}{a-b} \cdot \frac{b}{a}$

g) $\frac{u}{v} : \frac{w}{v} + \frac{v}{w} \cdot \frac{u}{v}$ **h)** $\frac{y+2}{x-z} \cdot \frac{2x}{x+z} - \frac{3xy}{x^2-z^2}$

1

Erweitere auf den Hauptnenner.

a) $\frac{2ab}{a+b}, \frac{3b}{a^2}$ **b)** $\frac{6q}{5p^2}, \frac{9p}{10pq}$

c) $\frac{z^2}{(z+2)^2}, \frac{z}{z+2}$ **d)** $\frac{x+1}{x-1}, \frac{x+1}{x}$

e) $\frac{3rs}{r^2-s^2}, \frac{r}{r+s}$

2

Kürze möglichst weit.

a) $\frac{35x^2yz}{21xyz^2}$ **b)** $\frac{2a-6b}{a^2-3ab}$ **c)** $\frac{x^2-y^2}{(x-y)^2}$

d) $\frac{r^2+2r+1}{r^2+r}$ **e)** $\frac{u^2-uv}{u^2-2uv+v^2}$

3

Berechne und vereinfache möglichst weit.

a) $\frac{5}{xy} - \frac{3y}{x^2}$ **b)** $\frac{a}{b} - \frac{b}{c} + \frac{c}{a}$ **c)** $\frac{s-2}{s+1} - \frac{3}{s}$

d) $\frac{u+2v}{u^2-v^2} + \frac{4}{u+v}$ **e)** $\frac{a^2}{a^2+2a} - \frac{a+1}{a} + \frac{2a}{a+2}$

4

Multipliziere oder dividiere. Achte auf das Kürzen!

a) $\frac{24ab}{5c^2} \cdot \frac{15ac}{16b}$ **b)** $\frac{x+y}{2x} : \frac{x+y}{3y}$ **c)** $\frac{4q^2}{2p-q} \cdot \frac{6p-3q}{6pq}$

d) $\frac{(u+v)^2}{u^2-uv} : \frac{u+v}{u}$ **e)** $\frac{1}{4x^2-y^2} \cdot \frac{4x-2y}{2x+y}$

5

Rechne so weit wie möglich aus.

a) $\frac{ab}{c}\left(\frac{1}{a} - \frac{c}{b}\right)$

b) $\left(\frac{x+1}{x} + \frac{2x}{x-1}\right)\frac{x^2-x}{x+2}$

c) $\dfrac{\frac{u}{u+v}}{\frac{2uv}{u^2-v^2}}$

4. Lösen von Bruchgleichungen

Eine wichtige Anwendung der Bruchterme sind die Bruchgleichungen. Wir können hier nur bestimmte Bruchgleichungen behandeln, und zwar solche, die auf lineare Gleichungen führen. Darüber hinaus ist es möglich, dass Bruchgleichungen auf quadratische oder kubische oder Gleichungen noch höheren Grades führen.

1

Betrachte die Bruchgleichung $\frac{1}{x-3}=2$.

a) Setze nacheinander für x die Zahlen 1, 2, 3, 4 und 0 ein. Bei welchem Einsetzen bekommst du Schwierigkeiten?

b) Gibt es weitere Zahlen, die du in die Bruchgleichung nicht einsetzen darfst?

2

a) Welche Zahlen darf man in die Bruchgleichung $\frac{2}{x+1}=\frac{1}{2x-4}-5$ nicht einsetzen? Probiere es aus. Begründe deine Entscheidung.

b) Durch Rechnung findest du die nicht einsetzbaren Zahlen so:
$x+1=0$ ergibt $x=-1$ und
$2x-4=0$ ergibt $x=2$.

Bevor man beginnt, eine Bruchgleichung zu lösen, muss man sich Gedanken über ihre Definitionsmenge machen.
Für das Lösen einer Gleichung gibt man eine Grundmenge (hier $\mathbb{Q}$) vor.
Bei Bruchgleichungen wird diese Grundmenge um die Zahlen vermindert, für die die vorkommenden Bruchterme nicht definiert sind, d.h., bei deren Einsetzen in einem Nenner eine Null erzeugt werden kann.
Die so entstandene Menge heißt die Definitionsmenge und ist eine Teilmenge der Grundmenge $\mathbb{Q}$.

Beispiel: Die Definitionsmenge zu der Bruchgleichung aus Aufgabe 1 enthält alle rationalen Zahlen mit Ausnahme der 3, da beim Einsetzen der 3 im Nenner $3-3=0$ entstehen würde.
Wir schreiben: $\mathbb{D}=\mathbb{Q}\setminus\{3\}$
(lies: Definitionsmenge ist die Menge $\mathbb{Q}$ ohne 3)

3

Schreibe die Definitionsmenge für die Aufgabe **2** auf.

4

Wie lautet die Definitionsmenge?

a) $\frac{5x+1}{x+4}=3$ **b)** $\frac{1}{x}=\frac{2}{x+1}$ **c)** $\frac{4x}{3x-9}=7$

d) $\frac{3}{x+5}+\frac{x+1}{2x}=2$ **e)** $\frac{1}{2x-6}=\frac{1}{3}$ **f)** $\frac{6}{x+0{,}5}-\frac{1}{4x}=10$

5

Gib die Definitionsmenge an. Finde die Werte von x heraus, für die der Nenner gleich Null wird.

a) $\frac{5}{x(x+1)}=3x$ **b)** $\frac{x}{x-1}-\frac{x-1}{x}=0$

c) $\frac{x-6}{x^2+3x}-5=x$ **d)** $\frac{2}{(x-2)^2}=\frac{x}{x+2}$

e) $\frac{2x+1}{x^2-9}+\frac{3x}{x-4}=10$ **f)** $\frac{1-4x}{x^2-2x+1}=2$

Wir wollen nun sehen, wie man die Lösungen einer Bruchgleichung herausbekommt. Dazu betrachten wir noch einmal die Bruchgleichung von Aufgabe **1**.

6

a) Multipliziere die Bruchgleichung $\frac{1}{x-3}=2$ mit dem Nennerterm $x-3$.

b) Bestätige, dass du nun auf der linken Gleichungsseite den Term $x-3$ kürzen kannst. Was bleibt dann noch übrig?

c) Vereinfache den Term auf der rechten Seite der Gleichung. Welche Gleichung erhältst du?

d) Löse die Gleichung aus c).

e) Liegt die gefundene Lösung in der Lösungsmenge?

f) Mache die Probe.

Du konntest anhand von Aufgabe **6** feststellen, dass das Lösen einer Bruchgleichung recht umfangreich ist und mehrere Einzelschritte erfordert. Du solltest diese Schritte immer in einer festgelegten Reihenfolge bewältigen, damit du den Überblick bewahrst und keinen wichtigen Punkt auslässt.

Beispiel: Gegeben sei die Bruchgleichung $\frac{x-3}{2x+4}=3$.

1. Die Definitionsmenge lautet $\mathbb{D}=\mathbb{Q}\setminus\{-2\}$.
2. Wir multiplizieren die Bruchgleichung mit dem Nenner $2x+4$:

$$\frac{(x-3)(2x+4)}{2x+4}=3(2x+4)$$

und kürzen $x-3=3(2x+4)$.

3. Wir haben nun eine lineare Gleichung erhalten, die wir so lösen:

$$\begin{aligned} x-3&=6x+12 && \mid -x \\ -3&=5x+12 && \mid -12 \\ -15&=5x && \mid :5 \\ -3&=x \end{aligned}$$

4. Wir stellen fest, daß $-3\in\mathbb{D}$ ist.
5. Wir machen die Probe:

$$\frac{-3-3}{2\cdot(-3)+4}=3$$

$$\frac{-6}{-2}=3 \quad \text{Stimmt!}$$

6. Wir notieren die Lösungsmenge: $\mathbb{L}=\{-3\}$

7

Löse die Bruchgleichungen.

1. Definitionsmenge $\mathbb{D}$ bestimmen.
2. Bruchgleichung mit dem Nenner durchmultiplizieren und kürzen.
3. Lineare Gleichung lösen.
4. Feststellen, ob die Lösung in $\mathbb{D}$ liegt.
5. Probe machen.
6. Lösungsmenge $\mathbb{L}$ notieren.

a) $\frac{2x+1}{x+2}=5$ **b)** $4=\frac{4x+8}{2x-3}$ **c)** $x+1=\frac{3x^2}{3x-6}$

d) $2x+5=\frac{4+2x^2}{x-1}$ **e)** $\frac{6}{x-4}-3=0$ **f)** $\frac{5x^2+4}{x}+2=5x$

8

Löse ebenso.

a) $\frac{x-2}{2x-4}=3$

b) $\frac{2x-4}{x-2}=2$

c) $\frac{x^2+2x}{x+3}=x-4$

d) $\frac{10x^2+x-3}{2x-1}=5x+3$

9

Gegeben sei die Bruchgleichung $\frac{4x}{x+2}-\frac{x}{x-1}=3$.

a) Bestimme die Definitionsmenge.

b) Wie lautet der Hauptnenner?

c) Multipliziere die gesamte Gleichung mit dem Hauptnenner. Kürze, wo es möglich ist.

d) Du hast nun eine Gleichung erhalten, in der keine Bruchterme mehr vorkommen. Löse sie.

e) Liegt die Lösung in der Definitionsmenge?

f) Notiere die Lösungsmenge.

Zum Lösen von Bruchgleichungen, in denen mehrere Bruchterme stehen, ist es günstig, zunächst den Hauptnenner zu suchen. Beim Multiplizieren der Gleichung mit dem Hauptnenner kann man dann alle Nenner wegkürzen und erhält eine Gleichung ohne Bruchterme.

Beispiel: $\frac{5x+11}{2x+4}-\frac{2x}{4x-2}=2$

1. $\mathbb{D}=\mathbb{Q}\setminus\left\{-2, \frac{1}{2}\right\}$, weil $2x+4=0$ auf $x=-2$ und $4x-2=0$ auf $x=\frac{1}{2}$ führt.

2. Hauptnenner ist $(2x+4)\cdot(4x-2)$:

   $$\frac{(5x+11)\cdot(2x+4)\cdot(4x-2)}{2x+4}-\frac{2x\cdot(2x+4)\cdot(4x-2)}{4x-2}=2(2x+4)(4x-2)$$

   Nach dem Kürzen erhält man:

   $(5x+11)\cdot(4x-2)-2x\cdot(2x+4)=2(2x+4)(4x-2)$

3. Vereinfachen:

$$20x^2-10x+44x-22-4x^2-8x=16x^2-8x+32x-16$$

$$\begin{aligned} 16x^2+26x-22 &= 16x^2+24x-16 && \mid -16x^2 \\ 26x-22 &= 24x-16 && \mid -24x \\ 2x-22 &= \quad -16 && \mid +22 \\ 2x &= 6 && \mid :2 \\ x &= 3 \end{aligned}$$

4. $3 \in \mathbb{D}$

5. Probe: $\frac{26}{10}-\frac{6}{10}=2$ wahre Aussage

6. $\mathbb{L}=\{3\}$

10

Löse die Bruchgleichungen.

1. Definitionsmenge $\mathbb{D}$ bestimmen.
2. Hauptnenner bestimmen, dann die Bruchgleichung mit dem Hauptnenner durchmultiplizieren und kürzen.
3. Lineare Gleichung lösen.
4. Feststellen, ob die Lösung in $\mathbb{D}$ liegt.
5. Probe machen.
6. Lösungsmenge $\mathbb{L}$ notieren.

a) $\frac{2x-7}{x-4}=\frac{2x-3}{x}$

b) $\frac{x+2}{2x+1}=\frac{x-2}{2x-3}$

c) $\frac{2x+1}{x+3}+\frac{3x-6}{3x-5}=3$

d) $\frac{x-2}{x-3}+\frac{3}{3x-5}=1$

e) $\frac{2x+5}{2x+7}=\frac{4x+1}{4x-1}$

f) $\frac{3x+7}{2x+5}=\frac{2x-4}{4x-5}+1$

11

Bestimme die Lösungsmenge.

a) $\frac{x+2}{x} = \frac{2x+3}{2x-1}$

b) $\frac{x-2}{x} = \frac{x}{x-2}$

c) $\frac{4}{x+3} = 1$

d) $\frac{2}{x-1} = \frac{5}{x+2}$

e) $\frac{6x-3}{x-3} = \frac{15}{x-3} + 1$

f) $\frac{8}{3x+1} + \frac{2x-5}{x-1} = 2$

5. Einfache Bruchungleichungen

Bevor wir uns mit dem Lösen von Bruchungleichungen beschäftigen, wollen wir kurz das Arbeiten mit dem Ungleichheitszeichen wiederholen. Betrachte dazu die folgenden Rechnungen.

Beispiele:

$4+1=5$	wahre Aussage		$4+1>3$	wahre Aussage
$4+1=5$	$\mid\cdot 2$		$4+1>3$	$\mid\cdot 2$
$8+2=10$	wahre Aussage		$8+2>6$	wahre Aussage
$4+1=5$	$\mid\cdot(-2)$		$4+1>3$	$\mid\cdot(-2)$
$-8-2=-10$	wahre Aussage		$-8-2>-6$	falsche Aussage
		aber	$-8-2<-6$	wahre Aussage!

Ergebnis: Werden Ungleichungen mit negativen Zahlen multipliziert, ändert sich das Ungleichheitszeichen.

Die Lösungsmenge einer Bruchungleichung zu bestimmen ist noch etwas schwieriger als bei einer Bruchgleichung. Man muss nämlich eine so genannte Fallunterscheidung durchführen, das heißt, unterschiedliche Möglichkeiten überprüfen.

1

Gegeben sei die Bruchungleichung $\frac{x-1}{x+2} < 3$.

a) Gib die Definitionsmenge an.

b) Setze für die Variable x die Zahl -1 ein. Ergibt sich eine wahre Aussage?

c) Mache dasselbe für 0, 1 und 2.

d) Setze für x die Zahlen −4, −5 und −6 ein und rechne aus. Ergeben sich immer wahre Aussagen?

e) Probiere nun −3. Was stellst du fest?

f) Ist es möglich, jetzt schon die Lösungsmenge der Bruchungleichung anzugeben?

2

Beim Einsetzen von −4 in der Bruchungleichung von 1 ergibt sich die Aussage $\frac{-4-1}{-4+2} < 3$.

a) Fasse jeweils Zähler und Nenner zusammen.

b) Man kann nun auch dadurch weiter vereinfachen, dass man die Ungleichung mit dem Nenner −2 durchmultipliziert. Was geschieht dann mit dem Ungleichheitszeichen?

c) Setze für x in der Bruchungleichung von 1 die Zahl 2 ein und fasse Zähler und Nenner zusammen.

d) Multipliziere die Ungleichung mit dem Nenner. Musst du hier das Ungleichheitszeichen ändern?

e) Ob man das Ungleichheitszeichen ändern muss, hängt offensichtlich davon ab, für welche Werte von x der Term $x+2$ positiv bzw. negativ ist. Nenne sie.

In Aufgabe 1 hast du gesehen, dass es offenbar viele Lösungen für die Bruchungleichung $\frac{x-1}{x+2} < 3$ gibt. Alle Lösungen durch Probieren zu erhalten ist jedoch unmöglich. Um alle Lösungen zu ermitteln, ist es notwendig, mit dem Nenner $x+2$ durchzumultiplizieren. Wie du in Aufgabe 2 gesehen hast, kann der Term $x+2$ aber positiv oder negativ sein, je nachdem, ob man für x Zahlen einsetzt, die größer oder kleiner als −2 sind. Während nun im ersten Fall das Ungleichheitszeichen unverändert bleibt, kehrt es sich im zweiten Fall genau um.
Nach diesen Vorüberlegungen können wir die Bruchungleichung lösen:

$$\frac{x-1}{x+2} < 3 \quad | \cdot (x+2)$$

1. Fall: $x+2>0$ (d.h. $x>-2$)

Das Ungleichheitszeichen bleibt unverändert.
Es ergibt sich die Ungleichung

$$x-1<3\cdot(x+2).$$

Wir formen um:

$x-1<3x+6 \quad |-x$
$-1<2x+6 \quad |-6$
$-7<2x \quad |:2$
$-3{,}5<x$
oder $\underline{x>-3{,}5}$

2. Fall: $\underline{x+2<0 \quad (\text{d. h. } x<-2)}$

Das Ungleichheitszeichen wird umgekehrt.
Es ergibt sich die Ungleichung

$x-1>3\cdot(x+2)$.

Wir formen um:

$x-1>3x+6 \quad |-x$
$-1>2x+6 \quad |-6$
$-7>2x \quad |:2$
$-3{,}5>x$
oder $\underline{x<-3{,}5}$

3

Führe eine entsprechende Fallunterscheidung durch.

a) $\frac{x-3}{2x-3} \leq 5$

b) $\frac{2x}{x+3} > 1$

c) $\frac{5}{x+4} < 2$

d) $\frac{2x-4}{x-1} \geq 10$

Zur kompletten Bearbeitung der Bruchungleichung $\frac{x-1}{x+2} < 3$ aus **1** fehlt nun noch das Angeben der Lösungsmenge. In der Fallunterscheidung haben wir oben insgesamt vier Bedingungen (unterstrichen) formuliert, die für die Lösungsmenge wichtig sind:

1. Fall: $x>-2$
Ergebnis der Umformung: $x>-3{,}5$

2. Fall: $x<-2$
Ergebnis der Umformung: $x<-3{,}5$

Zusammengefasst muss nun gelten:

1. Fall: $x>-2$ und gleichzeitig $x>-3{,}5$
zusammen: $x>-2$

2. Fall: $x<-2$ und gleichzeitig $x<-3{,}5$
zusammen: $x<-3{,}5$

Wir verdeutlichen die Überlegungen an der Zahlengeraden:

1. Fall:

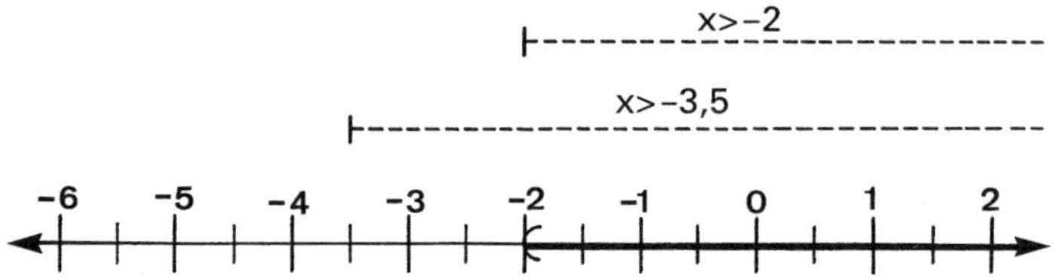

und

ergibt

2. Fall:

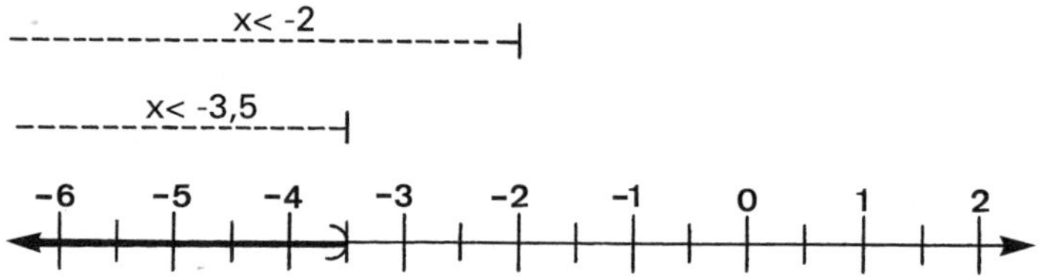

und

ergibt

Die Lösungsmenge umfasst alle markierten Bereiche auf der Zahlengeraden.

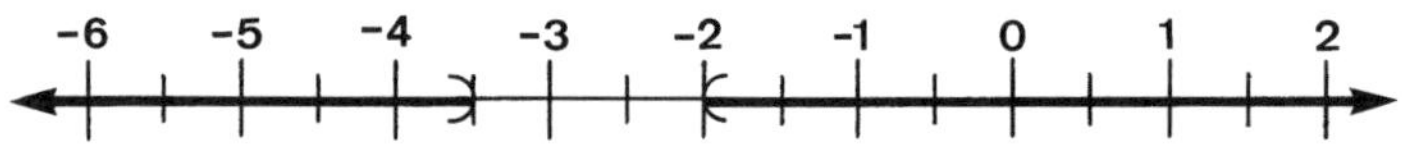

Wir schreiben:

$\mathbb{L} = \{x \in \mathbb{Q} \mid x < -3{,}5 \quad \text{oder} \quad x > -2\}$

4

a) Welche der Zahlen -4, -3, -2, -1 gehören zu $\mathbb{L}$?

b) Setze die vier Zahlen in die Bruchungleichung $\frac{x-1}{x+2} < 3$ ein. Für welche Werte erhältst du eine wahre Aussage?

c) Nenne noch drei weitere Zahlen, die in $\mathbb{L}$ liegen.

5

Wir betrachten $\frac{x+1}{x-1} < 2$.

a) Notiere die Definitionsmenge.

b) Multipliziere die Bruchungleichung mit dem Nenner und führe eine Fallunterscheidung durch.

c) Verdeutliche die Ergebnisse der Fallunterscheidung an der Zahlengeraden.

1. Fall:
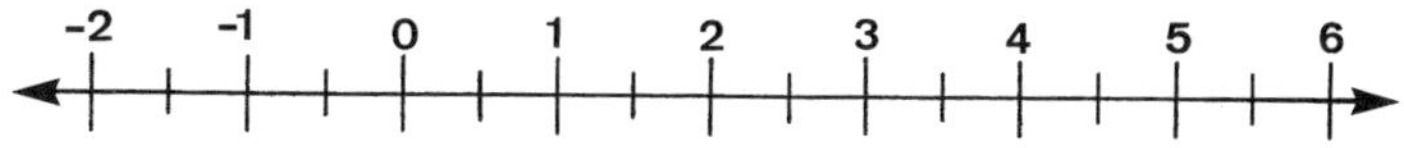

2. Fall:
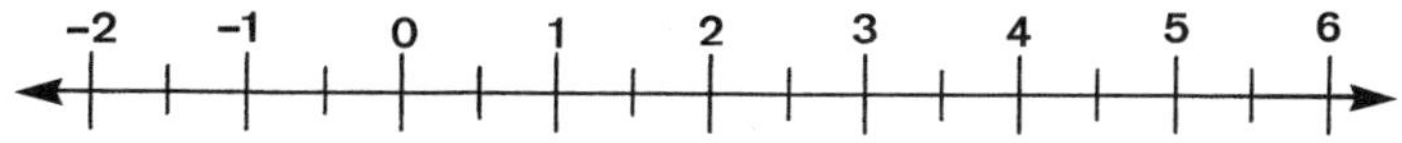

Ergebnis:
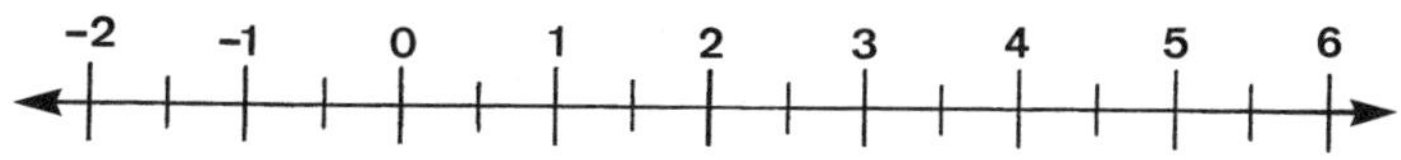

d) Lies die Lösungsmenge ab und notiere sie.

6

Gegeben sei die Bruchungleichung $\frac{2x+1}{3x-1} > 1$.

a) Notiere die Definitionsmenge.

b) Führe eine Fallunterscheidung durch, nachdem du die Ungleichung mit dem Nenner durchmultipliziert hast.

c) Verdeutliche die Ergebnisse der Fallunterscheidung an der Zahlengeraden.

1. Fall:

2. Fall:
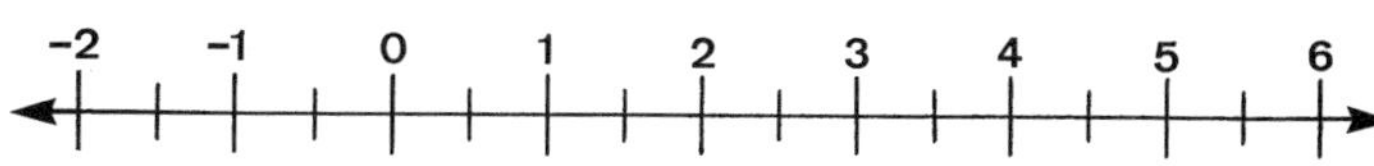

Ergebnis:
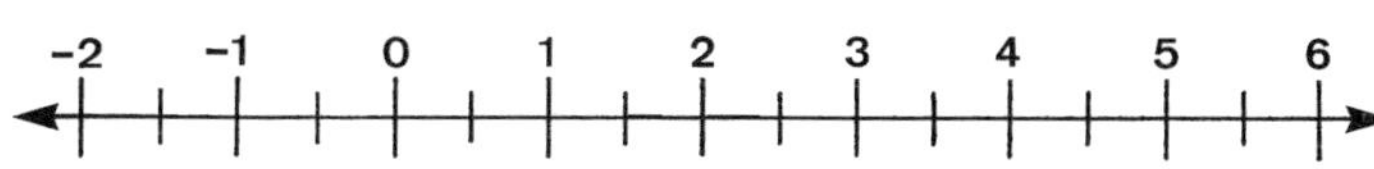

d) Die Lösungsmenge sieht ein wenig anders aus als bei den bisherigen Aufgaben. Formuliere sie.

7

Löse die Bruchungleichungen.

1. Bestimme die Definitionsmenge.
2. Multipliziere die Bruchungleichung mit dem Nenner. Führe eine Fallunterscheidung durch.
3. Verdeutliche die Ergebnisse an der Zahlengeraden.
4. Gib die Lösungsmenge an.

a) $\frac{6x}{2x+3} \leq 2$

b) $1 > \frac{5x+2}{x-4}$

c) $\frac{3x}{2x-1} \geq \frac{x+6}{2x-1}$

d) $\frac{7x-5}{x} < \frac{4x-4}{x}$

e) $\frac{11x}{3x-4} - 4 < 0$

f) $\frac{x-3}{x+3} \geq 0$

g) $2 - \frac{9x}{4x-3} > 1$

h) $0 \leq \frac{2x+5}{3x+1}$

1

Bestimme die Definitionsmenge.

a) $\frac{2x-8}{7x} = 5x+1$

b) $\frac{3x}{x+3} = \frac{x+2}{x-3}$

c) $\frac{1}{x^2+2x} = \frac{4x-1}{x}$

d) $\frac{2}{4x-3} < \frac{3}{8x-6}$

e) $\frac{x+5}{2x-5} + \frac{x}{x^2-1} = 6$

f) $\frac{5x}{x+4} \geq \frac{x-2}{4x}$

2

Löse die Bruchgleichungen.

a) $\frac{5}{x+4} = 1$

b) $\frac{x+1}{x-1} = \frac{x+2}{x-2}$

c) $\frac{1}{2x+1} = \frac{5}{3x-2}$

d) $\frac{3x-3}{3x-2} + \frac{2x+3}{x+4} = 3$

3

Ermittle die Lösungsmengen der Bruchungleichungen.

a) $\frac{x+2}{x-3} < 4$

b) $\frac{3x}{3x-1} \geq 0$

c) $\frac{3x+2}{2x+3} > 1$

d) $\frac{5}{4x-8} \leq \frac{6x-7}{4x-8}$

III. Terme quadratischer oder höherer Ordnung

1. Faktorisieren quadratischer Ausdrücke

Das Faktorisieren ist ein besonders wichtiger Bestandteil der Termumformungen. Du hast dich ja damit schon im Zusammenhang mit dem Distributivgesetz oder den binomischen Formeln beschäftigt. Erinnerst du dich noch? Es geht darum, einen Term, der eine Summe darstellt, in ein Produkt zu verwandeln.

Beispiel: $x^2+5x=x(x+5)$

1

Faktorisiere die Terme:

a) x^2-3x

b) x^2+6x+9

c) x^2-1

2

Kannst du den Term x^2+6x+5 faktorisieren?

3

Multipliziere aus: $(x+5)\cdot(x+1)$.
Vergleiche das Ergebnis mit Aufgabe **2**.

Es hat sicherlich nichts mit Zauberei zu tun, dass man auch Terme wie x^2+6x+5 faktorisieren kann. Gezieltes Probieren wäre da schon eher hilfreich. Wir wollen im Folgenden aber sehen, dass hinter dem Faktorisieren eine Methode steckt.

4

Wir betrachten noch einmal die Terme aus Aufgabe **1**.

a) Für welche Werte von x ist $x^2-3x=0$?

b) Löse die Gleichung $x^2+6x+9=0$.

c) Finde die x-Werte, für die der Term x^2-1 Null ergibt.

Überlege jeweils, ob es günstiger ist, den Term zu faktorisieren, bevor man die Lösung bestimmt.

Aufgabe **4** kann man auf zwei Arten bearbeiten. Entweder man probiert verschiedene Zahlen aus, oder man verwandelt die Terme in Produkte und liest dann die Lösungen einfach ab.

Beispiel: $x^2-3x=0$

besser: $x\cdot(x-3)=0$

Ein Produkt ist nur dann gleich Null, wenn mindestens ein Faktor gleich Null ist.

1. Faktor gleich Null: $x=0$
2. Faktor gleich Null: $x-3=0$, also $x=3$

5

Löse Aufgabe **4** b) und c) wie im Beispiel, falls du es nicht schon vorher so gemacht hast.

6

Löse die Gleichungen durch Faktorisieren.

a) $x^2+3x=0$ **b)** $2x^2-8x=0$ **c)** $x^2-4=0$

d) $x^2+2x+1=0$ **e)** $x-x^2=0$ **f)** $2x^2+8x+8=0$

Du hast sicherlich schon bemerkt, dass sich inzwischen die Fragestellung geändert hat. Sollten zu Beginn dieses Kapitels noch Terme faktorisiert werden, so sind nun Gleichungen zu lösen. Beide Fragestellungen hängen jedoch eng miteinander zusammen.

7

a) Fülle die Tabelle aus.

x	$(x-4)(x+1)$	x^2-3x-4
0	$(-4)\cdot 1=-4$	$0-0-4=-4$
1		
2		
3		
4		
5		
-1		
-2		

b) Sind die beiden Terme $(x-4)(x+1)$ und x^2-3x-4 gleichwertig, also äquivalent?
Multipliziere dazu $(x-4)(x+1)$ aus.

c) Lies aus der Tabelle die Lösungen für die Gleichungen
$(x-4)(x+1)=0$ oder $x^2-3x-4=0$ ab.

d) Aus welcher der beiden Gleichungen lassen sich die Lösungen ebenfalls leicht ablesen?

8

a) Fülle die Tabelle aus.

x	$(x-3)(x-5)$	$x^2-8x+15$
0		
1		
2		
3		
4		
5		

b) Wie lauten die Lösungen der Gleichungen $(x-3)(x-5)=0$ und $x^2-8x+15=0$?

Du hast gesehen, dass man die Lösungen einer Gleichung leicht ablesen kann, wenn der Term faktorisiert ist und auf der anderen Seite der Gleichung eine Null steht. Faktoren wie $(x-3)$ oder $(x+6)$ heißen Linearfaktoren, weil die Variable x linear, d. h. in einfacher Potenz, vorkommt.
Sicherlich ist dir schon aufgefallen, dass in jedem Linearfaktor die Lösung der Gleichung mit dem entgegengesetzten Vorzeichen steht. Der Grund dafür ist einfach. Soll zum Beispiel die Gleichung

$(x-3)(x+6)=0$

gelöst werden, so gilt $x-3=0$ oder $x+6=0$
und das bedeutet $x=\underline{+3}$ oder $x=\underline{-6}$.

Sind umgekehrt die Lösungen einer Gleichung bekannt, so kann man mit Hilfe der Linearfaktoren die Gleichung rekonstruieren.

Beispiel: Lösungen sind $x=-4$ oder $x=3$.
Dann lauten die Linearfaktoren $(x-(-4))=(x+4)$
und $(x-(+3))=(x-3)$
und die Gleichung $(x+4)(x-3)=0$.

9

a) Fülle die Tabelle aus.

x	$x^2-3x-10$
0	
1	
2	
3	
4	
5	
−1	
−2	

b) Lies die Lösungen der Gleichung $x^2-3x-10=0$ ab.

c) Wie lautet die entsprechende Gleichung mit Linearfaktoren?

Bei einem quadratischen Term, wie $4x^2-6x+9$, nennt man

$4x^2$ das quadratische Glied,
$-6x$ das lineare Glied und
9 das absolute Glied.

10

Wir suchen die Lösungen der Gleichung $x^2+2x-15=0$.

a) Wie lautet das absolute Glied?

b) Notiere alle Teiler des absoluten Glieds. Bedenke, dass es auch negative Teiler gibt.

c) Untersuche, ob sich unter den Teilern auch die Lösungen der Gleichung befinden.

11

a) Suche nach Lösungen für die Gleichung $x^2-6x+8=0$.
Probiere die positiven und negativen Teiler des absoluten Glieds.

b) Bilde die entsprechende Gleichung mit Linearfaktoren.

Aufgabe [11] hätte auch so lauten können: schreibe den Term x^2-6x+8 als Produkt von Linearfaktoren, oder kurz: faktorisiere den Term x^2-6x+8.

12

Faktorisiere die Terme.

1. Term gleich Null setzen.
2. Lösungen der Gleichung durch Probieren finden.
   (Achte auf die Teiler des absoluten Glieds!)
3. Linearfaktoren bilden.

a) x^2+x-6 **b)** $x^2+9x+14$ **c)** x^2-x-2

d) $x^2-10x+24$ **e)** $x^2+3x-10$ **f)** x^2-7x-8

13

Betrachte noch einmal die Ergebnisse von Aufgabe [12].

a) Nenne die Lösungen der Gleichung $x^2+x-6=0$.

b) Multipliziere die Lösungen miteinander. An welcher Stelle der Gleichung steht das Ergebnis?

c) Überprüfe diese Beobachtung bei den anderen Aufgaben.

Auch Terme mit höheren Potenzen von x lassen sich so zerlegen.

Beispiel: x^3+8x^2-20x

$=x(x^2+8x-20)$ x Ausklammern

Lösungen von $x^2+8x-20=0$ sind $x=2$ oder $x=-10$

$=x(x-2)(x+10)$

14

Zerlege in Linearfaktoren.

a) x^3-5x^2+6x **b)** $x^4+12x^3+27x^2$

c) x^3+7x^2-30x **d)** $x^5-11x^4-12x^3$

2. Quadratwurzeln

Für das Faktorisieren quadratischer Ausdrücke und das Lösen quadratischer Gleichungen ist der Begriff der Quadratwurzel unverzichtbar. Wir wollen ihn in diesem Kapitel kurz darstellen und einige Rechenregeln formulieren.

1

a) Zerlege den Term x^2-4 in Linearfaktoren.

b) Bestimme die Lösungsmenge der Gleichung $x^2-4=0$.

Aufgabe 1 b) kann man auch so lösen:

$$\begin{aligned} x^2-4&=0 \quad |+4 \\ x^2&=4 \end{aligned}$$

Lösungen der Gleichung $x^2=4$ können nur Zahlen sein, die zum Quadrat genommen 4 ergeben, also

$x=2$ oder $x=-2$,

denn es ist $2^2=4$ und $(-2)^2=4$.

2

Bestimme ebenso die Lösungen der Gleichung.

a) $x^2-16=0$ **b)** $x^2=225$ **c)** $3x^2-75=0$

d) $36-x^2=0$ **e)** $x^2-\frac{9}{4}=0$ **f)** $4x^2=100$

3

Gegeben sei die Gleichung $x^2-2=0$.
Zu ihrer Lösung stellen wir um: $x^2=2$.
Kennst du eine ganze Zahl, die zum Quadrat genommen 2 ergibt?

Die in Aufgabe 3 gesuchte Lösung ist weder eine ganze Zahl, noch lässt sie sich als Bruch schreiben, wie die rationalen Zahlen der Menge $\mathbb{Q}$. Vielmehr handelt es sich hierbei um eine so genannte irrationale Zahl, für die man einen Näherungswert angeben kann.

Wir definieren:

Diejenige positive Zahl, die zum Quadrat genommen 2 ergibt, heiße

$\sqrt{2}$, die Quadratwurzel aus 2.

Es gilt also $(\sqrt{2})^2 = 2$.

Im Folgenden wollen wir Quadratwurzeln immer kurz Wurzeln nennen.

4

Ermittle mit Hilfe des Taschenrechners den Näherungswert für $\sqrt{2}$. Runde auf vier Stellen nach dem Komma.

5

Gib die Lösungen der Gleichung $x^2 - 2 = 0$ an.

6

Ermittle die Lösungen der Gleichung $x^2 - 3 = 0$. Gib auch jeweils den Näherungswert auf vier Stellen nach dem Komma gerundet an.

7

Bestimme die Lösungen und gib jeweils einen Näherungswert an.

a) $x^2 - 7 = 0$ **b)** $3x^2 = 15$ **c)** $6 - x^2 = 0$

d) $4x^2 - 2 = 0$ **e)** $x^2 + 3 = 11$ **f)** $x^2 = 1{,}6$

Im Folgenden wollen wir einige Rechenregeln für Quadratwurzeln aufstellen. Sie sind nützlich, wenn man Wurzelterme vereinfachen will.

8

Berechne $5\sqrt{2} + 3\sqrt{2}$ und $8\sqrt{2}$
sowie $5\sqrt{2} - 3\sqrt{2}$ und $2\sqrt{2}$.

Auch bei Wurzeln gilt offenbar das

Distributivgesetz:

$a\sqrt{c} \pm b\sqrt{c} = (a \pm b)\sqrt{c}$ mit $a, b \in \mathbb{Q}$ und $c \in \mathbb{Q}_+$

Das bedeutet: Wurzeln mit gleichem Radikanden (Zahl oder Term unter dem Wurzelzeichen) kann man addieren oder subtrahieren.

9

Vereinfache möglichst weit.

a) $6\sqrt{7}+9\sqrt{7}$ **b)** $10\sqrt{3}-8\sqrt{3}$ **c)** $4\sqrt{a}+6\sqrt{a}-3\sqrt{a}$

d) $12\sqrt{3}+8\sqrt{2}-6\sqrt{3}+3\sqrt{2}$ **e)** $\sqrt{5}-2\sqrt{7}+5\sqrt{7}-4\sqrt{5}$

f) $5\sqrt{x}+9\sqrt{y}-11\sqrt{y}-8\sqrt{x}+2\sqrt{y}$ **g)** $\sqrt{u}+\sqrt{v}-3\sqrt{u}+2\sqrt{w}$

h) $3\sqrt{5}+6\sqrt{10}-8\sqrt{5}+12\sqrt{3}+7\sqrt{5}-10\sqrt{3}-5\sqrt{10}+\sqrt{5}-2\sqrt{3}$

10

a) Berechne $\sqrt{9}\cdot\sqrt{4}$.

b) Berechne $\sqrt{9\cdot 4}$ und vergleiche das Ergebnis mit dem von a).

11

Berechne $\frac{\sqrt{100}}{\sqrt{25}}$ und $\sqrt{\frac{100}{25}}$ und vergleiche die Ergebnisse.

Nach Aufgabe 10 und 11 gilt:

$\sqrt{a}\cdot\sqrt{b}=\sqrt{a\cdot b}$ für $a, b \in \mathbb{Q}_+$

und

$\frac{\sqrt{a}}{\sqrt{b}}=\sqrt{\frac{a}{b}}$ für $a, b \in \mathbb{Q}_+$, $b \neq 0$

Das bedeutet: Das Produkt (der Quotient) zweier Wurzeln ist gleich der Wurzel aus dem Produkt (dem Quotienten) der Radikanden.

12

Vereinfache so weit wie möglich.

a) $\sqrt{25}\cdot\sqrt{4}$ **b)** $\sqrt{3}\cdot\sqrt{12}$ **c)** $\sqrt{x}\cdot\sqrt{y}$

d) $\sqrt{2}\cdot\sqrt{6}\cdot\sqrt{3}$ **e)** $\sqrt{2a}\cdot\sqrt{8a}$ **f)** $\sqrt{z}\cdot\sqrt{z^3}$

g) $\frac{\sqrt{49}}{\sqrt{16}}$ h) $\frac{\sqrt{125}}{\sqrt{5}}$ i) $\frac{\sqrt{8}}{\sqrt{32}}$ j) $\frac{\sqrt{27x}}{\sqrt{3x}}$

k) $\frac{\sqrt{4a+4b}}{\sqrt{a+b}}$ l) $\sqrt{ab}\cdot\frac{\sqrt{a}}{\sqrt{b}}$ m) $\sqrt{0{,}12pq}\cdot\sqrt{3p}\cdot\sqrt{\frac{1}{q}}$

13

Ziehe die Wurzel, falls es möglich ist.

a) $\sqrt{x^2}$ b) $\sqrt{4x^2}$ c) $\sqrt{x^2y^2}$

d) $\sqrt{x^2+y^2}$ e) $\sqrt{x^2-y^2}$ f) $\sqrt{x^2+2xy+y^2}$

14

a) Berechne mit dem Taschenrechner $\sqrt{12}$ und $2\sqrt{3}$.

b) Berechne ebenso $\sqrt{75}$ und $5\sqrt{3}$.

Nach Aufgabe 14 kann man vermuten, dass sich manche Wurzeln zwar nicht vollständig, aber zumindest teilweise ziehen lassen.

Beispiel: $\sqrt{12}$

$=\sqrt{4\cdot 3}$ Radikand wird zerlegt, dabei muss ein Faktor eine Quadratzahl sein.

$=\sqrt{4}\cdot\sqrt{3}$ Produkt zweier Wurzeln

$=2\cdot\sqrt{3}$ Eine der Wurzeln kann gezogen werden.

15

Notiere die entsprechenden Rechenschritte für $\sqrt{75}$.

Wurzeln kann man teilweise ziehen, wenn der Radikand in ein Produkt aus einer Quadratzahl und einem Rest zerlegbar ist.

Man zieht dann die Wurzeln aus der Quadratzahl und lässt den Rest unter dem Wurzelzeichen stehen.

16

Ziehe teilweise die Wurzel.

a) $\sqrt{48}$ **b)** $\sqrt{72}$ **c)** $\sqrt{500}$

d) $\sqrt{128}$ **e)** $\sqrt{147}$ **f)** $\sqrt{135}$

g) $\sqrt{a^2 b}$ **h)** $\sqrt{25z}$ **i)** $\sqrt{7xy^2}$

j) $\sqrt{x^3}$ **k)** $\sqrt{18ab^2cd^3}$ **l)** $\sqrt{32p}$

17

Verwandele den Radikanden in ein Produkt und ziehe dann teilweise die Wurzel.

a) $\sqrt{9x-9y}$ **b)** $\sqrt{4x^2+4y^2}$ **c)** $\sqrt{a^3-a^2}$

d) $\sqrt{3x^2-6xy+3y^2}$ **e)** $\sqrt{ab^2+b^2c}$ **f)** $\sqrt{4-8s}$

18

Berechne mit Hilfe des Taschenrechners und vergleiche:

a) $\sqrt{\frac{1}{2}}$ **b)** $\frac{1}{\sqrt{2}}$ **c)** $\frac{1}{2}\sqrt{2}$

Für manche Berechnungen ist es einfacher, wenn man keine Wurzel im Nenner eines Bruches hat. Die Methode, die dieses ermöglicht, heißt Rationalmachen des Nenners. Ziel ist es, den Bruch so geschickt zu erweitern, dass die Wurzel des Nenners verschwindet.

Beispiel 1:

$$\frac{2}{3\sqrt{6}}$$

Erweitern mit $\sqrt{6}$

$$= \frac{2\sqrt{6}}{3\sqrt{6}\cdot\sqrt{6}}$$

Wurzel im Nenner verschwindet

$$= \frac{2\sqrt{6}}{3\cdot 6}$$

Kürzen

$$= \frac{1}{9}\sqrt{6}$$

Beispiel 2: $\frac{6}{5-\sqrt{3}}$

$= \frac{6(5+\sqrt{3})}{(5-\sqrt{3})(5+\sqrt{3})}$ Bruch so erweitern, dass im Nenner die dritte binomische Formel angewendet werden kann

$= \frac{6(5+\sqrt{3})}{5^2-(\sqrt{3})^2}$

Wurzel im Nenner verschwindet

$= \frac{6(5+\sqrt{3})}{22}$

Kürzen

$= \frac{3(5+\sqrt{3})}{11}$

Bruch zerlegen

$= \frac{15}{11} + \frac{3}{11}\sqrt{3}$

19

Mache den Nenner rational. Rechne wie in den Beispielen.

a) $\frac{2}{\sqrt{3}}$ **b)** $\frac{1}{\sqrt{12}}$ **c)** $\frac{10}{\sqrt{5}}$

d) $\frac{4}{3\sqrt{8}}$ **e)** $\frac{7}{\sqrt{7}}$ **f)** $\frac{24}{\sqrt{6}}$

g) $\frac{1}{\sqrt{2}-1}$ **h)** $\frac{\sqrt{2}}{4+\sqrt{2}}$ **i)** $\frac{2}{\sqrt{5}-\sqrt{3}}$

j) $\frac{a}{a-\sqrt{b}}$ **k)** $\frac{\sqrt{3}+\sqrt{2}}{\sqrt{6}-\sqrt{2}}$ **l)** $\frac{12}{2\sqrt{2}-\sqrt{5}}$

Hier siehst du alle Rechenregeln für Quadratwurzeln noch einmal in der Übersicht.

Addition und Subtraktion	$a\sqrt{b} \pm c\sqrt{b} = (a \pm c)\sqrt{b}$
Multiplikation und Division	$\sqrt{a}\cdot\sqrt{b} = \sqrt{a\cdot b}$ $\frac{\sqrt{a}}{\sqrt{b}} = \sqrt{\frac{a}{b}}$
Wurzeln teilweise ziehen	$\sqrt{a^2 b} = a\sqrt{b}$
Rationalmachen des Nenners	$\frac{1}{\sqrt{a}} = \frac{\sqrt{a}}{a} = \frac{1}{a}\sqrt{a}$

20

Vereinfache die Wurzelterme mit Hilfe der Regeln so weit wie möglich.

a) $(\sqrt{2}-\sqrt{3})\cdot\sqrt{6}$

b) $(\sqrt{48}+\sqrt{75}-\sqrt{300}):\sqrt{3}$

c) $\sqrt{12}+\sqrt{50}-\sqrt{27}-\sqrt{32}$

d) $(\sqrt{8}-\sqrt{2})^2$

e) $(1+\sqrt{3})^2$

f) $(2+\sqrt{5})\cdot(2-\sqrt{5})$

g) $\frac{1}{\sqrt{6}-\sqrt{2}}+\frac{1}{2\sqrt{2}}$

h) $\frac{\sqrt{5}}{\sqrt{10}+3}-\frac{\sqrt{8}}{2-\sqrt{3}}$

21

Vereinfache möglichst weit.

a) $(\sqrt{a}+\sqrt{b})\cdot\sqrt{ab}$

b) $(\sqrt{x^2y}+\sqrt{xy^2}-\sqrt{xy}):\sqrt{x}$

c) $\sqrt{ab^2c}-\sqrt{a^2bc}-b\sqrt{ac}$

d) $(\sqrt{2z}+\sqrt{12z})^2$

e) $(\sqrt{p}-3)^2$

f) $(\sqrt{r}-\sqrt{s})(\sqrt{r}+\sqrt{s})$

g) $\frac{\sqrt{a}}{\sqrt{a}+1}+\frac{1}{\sqrt{a}-1}$

h) $\frac{1}{\sqrt{x}+\sqrt{2x}}-\frac{2}{\sqrt{x}}$

3. Die Lösungsformel für quadratische Gleichungen

Bisher hast du beim Zerlegen quadratischer Terme immer ganzzahlige Lösungen vorgefunden. Das muss nicht immer so sein. Da es aber schwierig ist, Lösungen zu finden, die Brüche oder gar Wurzeln sind, benötigen wir ein weiteres Hilfsmittel.

1

Zerlege den Term x^2-3 in Linearfaktoren:

a) Löse die Gleichung $x^2-3=0$.

b) Bilde mit Hilfe der Lösungen die Linearfaktoren.

c) Bestätige durch Ausmultiplizieren, dass die Zerlegung

$x^2-3=(x+\sqrt{3})\cdot(x-\sqrt{3})$

richtig ist.

2

Lässt sich der Term $x^2 + 3$ in Linearfaktoren zerlegen?
Gibt es Lösungen für die Gleichung $x^2 + 3 = 0$?

In Aufgabe 2 hast du gesehen, dass nicht jeder quadratische Term in Linearfaktoren zerlegbar ist. Bei komplizierter gebauten Termen ist das gar nicht so leicht festzustellen. Deshalb wollen wir jetzt eine allgemein gültige Formel herleiten, die uns bei derartigen Problemen weiterhilft.

3

Der Term $x^2+8x-20$ soll faktorisiert werden. Dazu wollen wir die Gleichung $x^2+8x-20=0$ lösen.

a) Stelle die Gleichung so um, dass auf der linken Seite nur noch Summanden stehen, die die Variable x enthalten.

b) Wir betrachten den Term $x^2 + 8x$. Welche Zahl müsste ergränzt werden, damit eine der binomischen Formeln angewendet werden kann?

c) Ergänze die in b) gefundene Zahl auf beiden Seiten der Gleichung.

d) Wende die binomische Formel an.

e) Wir haben durch Umformungen die Gleichung $(x + 4)^2 = 36$ erhalten. Um sie zu lösen, wollen wir die Wurzel ziehen. Bestätige, dass es nun zwei Möglichkeiten gibt, nämlich $x + 4 = 6$ oder $x + 4 = -6$.

f) Löse die beiden Gleichungen aus e) nach x auf.

g) Mache die Probe.

h) Wie lautet der faktorisierte Term?

4

Wir wollen ebenso die Gleichung $x^2-6x+2=0$ lösen.
Ergänze die folgende Rechnung.

$x^2-6x+2=0$	$\mid -2$		
$\_\_\_\_\_\_ = \_\_\_\_\_\_$	$\mid +9$ (Quadratische Ergänzung)		
$\_\_\_\_\_\_ = \_\_\_\_\_\_$	Binomische Formel anwenden		
$(x \_\_\_\_)^2 = \_\_\_\_$	Wurzel ziehen		
$x \_\_\_\_ = \_\_\_\_$	oder	$x \_\_\_\_ = \_\_\_\_$	
$x = \_\_\_\_$	oder	$x = \_\_\_\_$	

$\mathbb{L} = \{ \_\_\_\_\_\_, \_\_\_\_\_\_ \}$

5

Löse ebenso.

a) $x^2-8x-20=0$

b) $x^2-12x+27=0$

c) $x^2+10x-11=0$

d) $x^2+3x-18=0$

6

Wir wollen versuchen, die Gleichung $x^2-8x+18=0$ zu lösen.
Vervollständige die Rechnung:

$x^2-8x+18 = 0$	$\mid -18$	
$\_\_\_\_\_ = \_\_\_\_\_$	$\mid \_\_\_\_\_$	(Quadratische Ergänzung)
$\_\_\_\_\_ = \_\_\_\_\_$	Binomische Formel anwenden	
$(x \quad)^2 = \_\_\_\_\_$	Wurzel ziehen	

Welches Problem tritt hier auf?
Wie lautet folglich die Lösungsmenge?

Die allgemeine Form der quadratischen Gleichung lautet

$ax^2+bx+c=0$, wobei $a, b, c \in \mathbb{Q}$ sind und $a \neq 0$ sein muss.

Jeder dieser Gleichungen lässt sich umformen, indem man durch a dividiert:

$$x^2 + \frac{b}{a}x + \frac{c}{a} = 0$$

Wir ersetzen nun $\frac{b}{a}$ durch die Variable p und $\frac{c}{a}$ durch q und erhalten die Normalform der quadratischen Gleichung

$x^2+px+q=0$ mit $p, q \in \mathbb{Q}$.

7

Wir wollen die Lösungsmenge der Normalform der quadratischen Gleichung bestimmen. Vervollständige auch hier die Rechnung.

$x^2+px+q=0$	$\mid -q$
$\_\_\_\_\_\_ = \_\_\_\_\_\_$	$\mid +\left(\frac{p}{2}\right)^2$ (Quadratische Ergänzung)
$\_\_\_\_\_\_ = \_\_\_\_\_\_$	Binomische Formel anwenden
$(x+\_\_\_)^2 = \frac{p^2}{4} - q$	Wurzel ziehen

$x \_\_\_\_\_\_ = \_\_\_\_\_\_$ oder $x \_\_\_\_\_\_ = \_\_\_\_\_\_$

$x = \_\_\_\_\_\_$ oder $x = \_\_\_\_\_\_$

8

Die Anzahl der Lösungen hängt ab von dem Term $\frac{p^2}{4} - q$.

Fülle dazu die Tabelle aus. Führe notwendige Rechnungen im Heft durch.

Gleichung	p	q	$\frac{p^2}{4} - q$	Lösungen
$x^2+8x-20=0$	8	−20	36	x=2 oder x=−10
$x^2-12x+27=0$				
$x^2+3x-18=0$				
$x^2-8x+18=0$	−8	18	−2	keine Lösung
$x^2+5x+12=0$				
$x^2-6x+10=0$				
$x^2-6x+9=0$	−6	9	0	x=3
$x^2+10x+25=0$				
$x^2-3x+2{,}25=0$				

Zusammenfassend formulieren wir die

Lösungsformel für quadratische Gleichungen

Die Lösungen einer quadratischen Gleichung der Form $x^2+px+q=0$ mit $p, q \in \mathbb{Q}$ lassen sich mit Hilfe der Formel

$x_{1,2} = -\frac{p}{2} \pm \sqrt{\frac{p^2}{4} - q}$ bestimmen.

Dabei sind drei Fälle zu unterscheiden:

1. Fall: $\frac{p^2}{4} - q > 0$: Es gibt zwei Lösungen, nämlich

$$x_1 = -\frac{p}{2} + \sqrt{\frac{p^2}{4} - q} \quad \text{und} \quad x_2 = -\frac{p}{2} - \sqrt{\frac{p^2}{4} - q}.$$

2. Fall: $\frac{p^2}{4} - q = 0$: Es gibt eine Lösung, nämlich $x_1 = x_2 = -\frac{p}{2}$.

3. Fall: $\frac{p^2}{4} - q < 0$: Es gibt keine Lösung.

Die Lösungsmenge einer quadratischen Gleichung lässt sich nun leicht bestimmen.

Beispiel: $x^2 - 5x + 3 = 0$

Es ist $p = -5$ und $q = 3$.

Wir setzen ein:

$$x_{1,2} = -\frac{-5}{2} \pm \sqrt{\frac{25}{4} - 3} = \frac{5}{2} \pm \sqrt{\frac{25-12}{4}} = \frac{5}{2} \pm \sqrt{\frac{13}{4}}$$

Die Gleichung besitzt zwei Lösungen, weil

$\frac{p^2}{4} - q = \frac{13}{4} > 0$ ist, und zwar

$$x_1 = \frac{5}{2} + \sqrt{\frac{13}{4}} = \frac{5}{2} + \frac{1}{2}\sqrt{13} \approx 4{,}3028 \quad \text{und} \quad x_2 = \frac{5}{2} - \frac{1}{2}\sqrt{13} \approx 0{,}6972.$$

Also ist $\mathbb{L} = \left\{\frac{5}{2} + \frac{1}{2}\sqrt{13};\ \frac{5}{2} - \frac{1}{2}\sqrt{13}\right\}$.

9

Bestimme die Lösungsmenge mit Hilfe der Lösungsformel.

a) $x^2-14x-32=0$
b) $x^2+9x-22=0$
c) $x^2+12x+36=0$
d) $x^2-2x-48=0$
e) $x^2-6x+15=0$
f) $x^2+10x-25=0$
g) $x^2-x+1=0$
h) $x^2-x+0{,}25=0$
i) $x^2+1{,}2x+3{,}5=0$
j) $x^2-3x-1{,}75=0$
k) $x^2-\frac{3}{4}x+\frac{2}{3}=0$
l) $x^2+\frac{1}{2}x+\frac{1}{16}=0$
m) $x^2+\frac{2}{3}x+\frac{1}{6}=0$
n) $x^2-x-\frac{1}{4}=0$

10

Faktorisiere die Terme. Löse dazu erst die zugehörige Gleichung und bilde dann die Linearfaktoren.

a) x^2-6x-7
b) x^2-6x+7
c) x^2+6x-7
d) x^2+7x+6
e) $x^2+14x+49$
f) $x^2+14x-49$
g) $x^2+14x+50$
h) $x^2-14x-50$
i) $x^2+14x-50$

11

Bringe die Gleichungen zunächst auf Normalform und löse sie dann.

a) $3x^2-12x+15=0$
b) $4x^2+2x+1=0$
c) $7x^2-14x+7=0$
d) $3x=x^2-4$
e) $5x^2=10x-100$
f) $0{,}5x^2+2x+2=0$
g) $12x-3x^2+6=18$
h) $16x-8x^2+4=0$

12

Faktorisiere die Terme.

a) x^3+10x^2+21x
b) $2x^4-14x^3+20x^2$
c) $210x-35x^3+140x^2$
d) $x^4+x^3+x^2$
e) $\frac{1}{4}x^4-\frac{3}{2}x^3+\frac{9}{4}x^2$
f) $\frac{3}{5}x-\frac{2}{5}x^3+x^2$
g) $3x^3+2x^2+\frac{1}{3}x$
h) $\frac{1}{2}x^2-\frac{1}{3}x^3+\frac{1}{6}x^4$

1

Vereinfache die Wurzelterme so weit wie möglich.

a) $(\sqrt{18}-\sqrt{50}+\sqrt{32})\cdot\sqrt{8}$

b) $(3-\sqrt{5})\cdot(5-\sqrt{3})$

c) $(\sqrt{27}+\sqrt{3})^2$

d) $\sqrt{80}-\sqrt{54}+\sqrt{24}-\sqrt{125}$

e) $\frac{3\sqrt{7}}{4-\sqrt{7}}$

f) $\frac{1}{\sqrt{3}}+\frac{\sqrt{6}}{\sqrt{5}-\sqrt{2}}$

2

Bestimme die Lösungsmenge.

a) $x^2+8x-5=0$

b) $x^2+9x+20{,}25=0$

c) $3x^2-18x+15=0$

d) $4x^2+32=8x$

e) $\frac{1}{3}x^2+2x-3=0$

f) $0{,}5+3{,}5x+0{,}25x^2=0$

3

Faktorisiere die Terme.

a) $x^2-20x-80$

b) $x^4+7x^3+12{,}25x^2$

c) $15x-30x^2+60x^3$

d) $3x^2-27x^4$

e) $2x^4+12x^3+42x^2$

f) $17x^3+34x$

g) $\frac{1}{2}x^3-\frac{1}{2}x^2-3x$

h) $5x^4+15x^3-20x^2$

Klett LernTraining®

Einfach bessere Noten

Die Reihen, die allen Bedürfnissen gerecht werden, im Überblick

1. Training – **Nachhilfe aus dem Buch**
2. Die kleinen Lerndrachen – **Training für alle Grundschüler**
3. PC-Kombi-Training – **die Fitness-Programme: Kombination aus Lernbuch und Übungssoftware**
4. Lektürehilfen – **Durchblick bei der Lektüre**
5. Abiturwissen – **das geballte Wissen fürs Abi**
6. Abi-Training – **fit fürs Abi**
7. PC-Kurswissen – **pures Abi–Wissen aus dem Computer**

Klett LernTraining im Internet:
www.klett-verlag.de/klett-lerntraining

Das Lernhits-Gesamtverzeichnis:
in Ihrer Buchhandlung oder
direkt bei Ernst Klett Verlag,
Postfach 10 60 16, 70049 Stuttgart